文物的故事

话说陶俑

刘亚群 著

紫禁城出版社
The Forbidden City Publishing House

图书在版编目（CIP）数据

话说陶俑／刘亚群著.—北京：紫禁城出版社，2009.4
(文物的故事)
ISBN 978-7-80047-818-5

Ⅰ. 话… Ⅱ. 刘… Ⅲ. ①陶俑－研究－中国②陶俑－收藏－中国 Ⅳ. K878.94 G894

中国版本图书馆CIP数据核字（2009）第056178号

话说陶俑

作　　者：刘亚群
责任编辑：冯印淙
编辑助理：李园明
装帧设计：张志伟　熊　雨
出版发行：紫禁城出版社
地址：北京市东城区景山前街4号　邮编：100009
电话：010-85117378　010-85117596　传真：010-65129479
邮箱：ggzjc@vip.sohu.com
印　　刷：北京方嘉彩色印刷有限责任公司
开　　本：889×1194mm　1/32
印　　张：8
字　　数：87千字
图　　版：96幅
版　　次：2009年4月第1版
2009年4月第1次印刷
印　　数：1～5 000册
书　　号：ISBN 978-7-80047-818-5
定　　价：29.00元

目录

《话说陶俑》

……是一本从心底流淌的情感记录，

是一本写给大家的好书，

值得一读。

序言

王亚民

陶俑，通俗地说就是泥在火中烧成的人。这种陶塑的人，从红山文化或者更早一些始直到清末，至少有五千年以上的历史。陶俑是雕塑的艺术，它在中国古代雕塑史上占有独特的位置，是研究中国古代艺术、民俗、丧葬史的等重要资料。由于陶俑是用泥巴捏就的，过多地带有一些土气，更多的时候作为冥器存在，自古及今多不受重视，很难登入艺术的殿堂。

天津亚群君，从事媒体工作多年，应该是位资深的媒体人了。在我的印象里，他骨子里却有诗人的气质、艺术家的情怀和布道者的执著。在古代艺术的漫漫大海里，他总在坊间巷里寻找那些不曾为人关注、珍惜的东西，尤其是被百姓视为不吉的陶俑，并竭力地想保存它们，让它们成为自己生命的一部分。他对已逝的一切存有强烈的眷恋，对传统文化、传统艺术具有强烈的偏爱。他不是一个复古主义者，职业的习惯使他更多地关注现实，积极接纳新的艺术和现代文明，正是由于他对新的文化有着清醒的认识，所以对古代陶俑这门艺术有着更深的理解。他是昨天的守护者，在不经意中站在了历史与现实之间，竭力地留住时空岁月。

一个充满阳光的暮春，我看过亚群君的陶俑收藏，从两汉到明清都有，大概有几百尊。一尊尊陶俑，倾注了他十几年的财力和心力。他经常在黄昏的独处中，透过收藏的陶俑，体会两千年里的风云变幻和世态炎凉：两汉的陶俑，仿佛就是继秦统一之后，整个社会充满生气和活力的见证；三彩的造型和釉色，仿佛看到大唐盛世的富足和繁荣，整个生活流光溢彩、落英缤纷；明清陶俑散发的气息，仿佛感受到当时婚丧嫁娶的喧闹，听到荒山野岭儒冠者的沉吟，感受寒宅孤灯、涧边草木的幽情。通过和亚群聊天，我感到他存有这个喧嚣世界少有的从容与宁静，他很现实，同时也生活在梦一样的两汉、隋唐那迷人的历史里。

我欣赏亚群君，欣赏他有难得的一份淡泊的心境。从历代的陶俑中，有了天高地邈、了然无物的境界，参悟了短暂与永恒；从破碎的砖片中，体悟到粗粝和完美。他工作很忙，好在他有个好心境，忙乱之余将陶俑收藏的甘苦，以及对陶俑的欣赏、议论文学化，写了这本《话说陶俑》。这是一本从心底流淌的情感记录，是一本写给大家的好书，值得一读。

几千年的光阴匆匆过去了，陶俑渐渐会风化或成为碎片，在布谷声里，历史的记忆会不断唤起。

……

收藏陶俑，

陶俑就会有了别样的滋味，

每一个陶俑会有一个故事，故事千奇百怪，

将这些串成无数诗歌词赋，像不时隐隐飘过的

别愁之音

……

说俑

轰然而过的秦军主力，似滚滚的雷声，低沉而又威严；尖风吹动战旗，裂帛般地穿透耳膜。是对阵赵国骑兵的长平之战？亦或是攻克六国首都的最后绝杀？秦王朝中央军团，以惊世的强大亮相于今日长安……

胡笳声咽，马蹄声碎，大汉王朝的骑兵烟尘八百里，所向披靡。周亚夫、卫青、霍去病，狼烟中飘荡着这些军之魂。咸阳杨家湾、徐州狮子山的那些让匈奴为之胆寒的铁血骑兵，跃马挽缰，空前绝后于瞬间……

渐远的《广陵散》伴着血色黄昏，牛车晃出了两晋文人的放浪形骸，隋代文官身后，大唐美女衣袂飘动，香风马嘶，鼓者、乐者、舞者，广袖长舒，踏歌起舞。将军、天王，市井百态，成千上万之陶俑，汇如江海，奔如潮汐，它们再现了逝去的历史，它们呐喊着先祖的遗言……

陶俑，向我们走来。

谈起陶俑，头脑中马上会联想到陕西西安的秦兵马俑，但人们可能并不知道，除去秦兵马俑的庞大军阵外，从夏、商、周，一直到明、清，沿黄河流域、山东半岛、四川盆地等许许多多的古墓中都出土了或大或小、或多或少的各式各样的陶俑。它们千姿百态，精彩纷呈，而且绝非只是贵族王室的墓中才有，从陶俑出土的范围看，士大夫、贵族、城镇工商业者、医生、术士，中、低级军官，但凡有些积蓄或有田业者，都在厚葬之风下竭尽全力置办陶俑入葬。目前出土的陶俑（不论何种原因的出土）不计其数，小的墓葬三个五个，大的墓葬成百上千，这种伴随着我们民族成长、繁衍的雕塑品；这些出自千千万万民众阶层之手，出土于几千年的各类墓葬中的艺术品；这些曾使其他民族目瞪口呆的雕塑艺术群，如今，冷寂地躺在博物馆的仓库中，流传于文物贩子的纸箱里，蜷缩在古玩店的柜台角落。它们应是我们民族的至高的艺术珍宝。它们以从心灵出发而又回归于心灵的精美、动情、活灵活现，诠释了我们民族的审美演化，心理活动。

沿革的年代之久，出土的范围之大，数量之多，涵盖的内容之广，见证和影响了我们民族的成长到成熟，应该是世界历史中绝无仅有的，这些应是对陶俑的最基本的评价。即便按照收藏的基本概念出发，陶俑所涵盖的历史，陶俑所携带的信息，陶俑所传达出的文化，应远远高于那些现在热炒的品种，应是一种极具研究和收藏价值的古代艺术品。

东方的陶俑，人类历史的唯一

几百支蜡烛在穹形墓室中亮起时，眩目而跳跃，一排排亮丽无比、彩色鲜艳的陶俑，在烛光摇曳中，竟像活了般地动了起来。人们抬着枯瘦苍白的人，最后巡视他日后的归宿，一支沾满血红朱砂的笔，被即将走到阳间生命尽头的人哆嗦着点向一排排陶俑的头上，一个兵俑的头上，瞬间绽开血红，红色朱砂从头顶一直流了下来……

陶俑是丧葬的陪伴物，陶俑从一产生就烙印了东方色彩。从夏、商、周的活殉开始，东方人强调的死后生活，就一直成为了民族性的心灵烙印。“天子杀殉，众者数百，寡者数十；将军、大夫杀殉，众者数十，寡者数人。”（《墨子·节葬篇》）古代贵族，从来就将死后的生活和死后的世界看的很重，“事死如事生”，为了继续过着舒适的生活，他们面对死亡，努力想将生前的一切都带入坟墓，在考古挖掘中，仅河南安阳一地的殷墓就发现有人殉约五千人以上。东方人将生与死幻化和解释为两个世界，生者与死者将生活在不同的世界中，这种对死亡的迷茫、恐惧、不解，到主动迎合、探索、制造和完善，培养了民族的平衡、融合、圆通、包容、韬晦等心理行为的最初形成。东方民族的想象力更多是从死后的世界开始，生的世界是真实的，也是无奈的，而死后的世界是迷茫的，也是充满了想象的。“丧礼者，以生者饰死者也。大象其生以送其死也。故如死如生，如亡如存，始终一也。”（《荀子·礼论》）于是，我们祖先将生与死用不断完善的殉葬品加以串联和解释、充实。从原始的人殉而过度到用陶俑，实现了殉葬品的世俗化和艺术性，人们可以随心所欲地将希望和想象雕成任何世间有的或世间没有的而埋入墓中，伴随着主人在另外的世界继续生活。

这种大规模的全民性的丧葬文化，在世界民族中极为罕见。古埃及、古印度、古希腊都曾有过辉煌的雕塑艺术品，但形成整个民族，东西南北中上下几千年地制作陶俑，应是人类艺术活动中非常特殊的现象。

我们民族在黄河长江流域不离不弃地生活了几千年，不论战争，不论灾难，生生不息。死亡的恐惧、茫然和东方民族的心理形成相互影响，相互制约，相互生成，面对无常的生命，平衡着自己的恐惧，激发着东方化的想象力。于是，另外的世界就极为认真而又极具真实地被人们雕塑出来了，而笃信这个世界的最具真诚的

百戏俑

汉代

高约：18-20cm，一组八个

作者收藏

就是人们对死后世界的认真和执着，而陶俑就是这份认真和执着的见证。

由于有了以上的论点，可以推断，陶俑是一个民族的心灵产物，是民族心理发展的物证。于是，我们可以说，陶俑与东方人类的潜意识，心灵深处是息息相关的。它既供我们祖先实现自己对未来世界的安排，又可以弱化、安抚人们对死亡的恐惧，使我们祖先东方的秉性，更丰富而多彩，东方人的心灵活动更具层次和纤细，东方人的内心更加有了与其他人群不同的成分，细腻、多情、内向、纤细等东方因素传承并不断加强，最终形成东方气质，并表现在文学、艺术、审美等领域。这种内心外化，即内心与对应的外在物品之间的互动与互证，达到了物我之间的相互影响和相互参照，相互实现，相互确立。从这个角度分析，东方陶俑在满足了人们死后生活需要之外，在制造和使用中都连续性的影响了人们的观念，这肯定具有特殊的影响力和特别的意义。

陶俑是真正的中国文化，但非常遗憾的是，对于中国的雕塑艺术，西方的认识却比我们领先的多，梁思成先生在东北大学主讲“中国古雕塑史”时，就大量引用了瑞典人喜龙仁（Siren）的观点，此人的三大本《中国雕塑》曾开先河于中国的古雕塑研究。

人们现在一直讲，“中国文化在西方”，这虽然有片面的成分，但我一直认为，文化艺术是民族之间相互比较而存在，相互借鉴而发展，站在世界艺术平台上看民族之间艺术上的借鉴和影响是无时不刻地发生着。当然，中国的古代雕塑艺术更是借鉴和引进了外部的艺术因子，这在古陶俑中也十分常见，如天王、胡人、阿拉伯马、骆驼，甚至在南北朝、隋唐代的陶俑中可依稀见到古希腊的手法和犍陀罗的风格。这也是陶俑研究发端于西方的原因。

文化艺术是人类的共有，只要优秀，人们就会接受，陶俑艺术在世界美术版图中，显示了它自己的位置。

陶俑的民族同化性

骑在马上的北魏王朝第七位皇帝拓跋宏的眸子被洛水的烟波点亮了。自此就有了龙门的千古之绝、永宁寺的惊鸿一瞥。许多朝代，许多部族，像天空中闪过的流星，无论多亮，最后都陨落于这块土地中，星星点点，像宿命的符号。于是，也就陆陆续续地出土了许多各民族亲吻这块土地之后的遗存物——陶俑。

笔者有着近20年收藏陶俑的经历。我曾沿黄河流域考察过山西、陕西、内蒙、河南、山东、河北等省市的各类被挖掘出陶俑的旧墓葬，而且从看到的和收藏的陶俑中发现，不论任何民族、任何政权，只要入主黄河流域，一般会与汉文化发生同化，而陶俑也依汉制甚至更加精细。我们知道，中国历史上几次大的多民族融合期，十六国135年，南北朝170年，五代十国73年。从目前考古发现，在民族融合时期一些建立在东北等地区的政权并不随葬陶俑，而占据黄河流域地区，并建立政权的王朝，其墓葬都陪葬了大批的陶俑。在这些混乱的年代，政权交叠，多民族融合，一些游牧民族执掌政权，但在墓葬上仍以汉民族的陶俑制作入墓。其中，特别是南北朝时，北魏、北齐的陶俑，汉化程度极高，制作精细，洛阳永宁寺出土的北魏陶俑在陶俑中是不可多得的精品，雕塑水平相当高。

从历史记载可以知道，从汉代开始，中央政权就设立了专门管理墓葬制度、陶俑制作的机构东园署与园令丞等。到了唐代更设立了门下省甄官署，说明从政权的最高层，对墓葬和陶俑的制作就给予了极大的重视，陶俑制作实现了官民共办，是当时极普及的丧葬必备品。

由此，我们可以想象，这些游牧部落入主中原后迅速认可了汉民族的墓葬制度和来世的学说，他们甚至更加相信这些陶俑可以与他们一同生活在未来的世界，也可以陪伴他们走进死亡，解除死亡的恐惧。这些民族以如此之快的速度认可，同化了汉文化中对死亡的解释，不也说明了汉文化中有关生死的理念在陶俑的佐证下，变得非常可信，非常真实，极具感染力和渗透性吗？于是，不论何民族占领中原，陶俑一直是人们连接死亡最具像的物品，也是最具实物性的民族心理，这同化了的丧葬文化，加速了汉民族包容与同化异族的力量和速度。

从出土的各个朝代的陶俑看，不论任何民族站在这块土地上，聆听和感受这份绵长深远的气场时，生与死的概念，就迅速传达到了每个人的灵魂深处。人们自觉不自觉地顺应、认同、发展这个温暖的假设，这块土地就有了神奇的力量，人们会将全部的希望和土地紧紧相连，土地与人才达到了天人合一，人们也才有了不离不弃土地的理由和动力，这也可以解释我们祖先如此眷恋这块土地的初始原因。

陶俑的研究价值

枯瘦的双手，抖动的竹刀，雕出了与自己对视的眸子，雕出了心中的那团潮湿，灯花爆闪。夜，静得松果落下都听得见，新雨将泥土的清香挥发得醉人，一轮圆月，照亮松壑、山峦、九洲云烟……

陶俑伴随着汉民族的生长和成熟，是民族内心外化的产物。随着改革开放，在北方出土了上万件的陶俑。而这些陶俑大部分都流散到了民间，特别是一些精品陶俑，被走私贩子卖到了香港和欧美。这些内涵表述和外在形象同样十分丰富、美丽的雕塑品，会在很多领域中，给我们以新的研究课题。

陶俑就是一部多元化专业史。

陶俑从夏、商、周始（当然可能还会早），没有断过代的一直到了清朝，虽然有多有少，但却没有中断，这难道不是一部绝佳的编年史？至于各朝各代不同风格的陶俑中表现出来的服装史、兵器史、铠甲史、官吏史、民俗史、舞蹈史、音乐史、发髻史、古代牲畜史、胡人史、酒史、古代绘画史、古代烧造史等等，就可以研究出海量的成果。其中由于陶俑的具象特性，有些研究非常直观，比如铠甲，从马匹的甲骑兵装甲，到人的装甲；从南北朝时的筒袖铠，到隋唐时期的明光铠。再比如从汉代长袖的舞蹈到唐代的《霓裳羽衣舞》，唐代胡人入京与胡姬酒肆的影响力等等，不论是民俗化的还是专业性的，都可以找出直接的证明。

我们知道，陶俑的生产量在历代都是巨大的，其精细程度，雕塑水平参差不齐，但也就因此，更彰显了民众美术的大众性和古代民众审美的构成，这完全不同于精英文化和帝王文化的局限性，千百万草根平民，怀着对来世的一份憧憬而制作或参与设计制作的陶俑，其美术意义和美学价值远远高于皇帝个人的好恶而生产出来的东西。

陶俑取材于俯首而拾的泥土，捏进了人生最庄重的寄托，饱含着民族性格的本真，经过火的完成，而独一无二地留给了我们这些中华的后代，这不能不说是一个奇迹，是我们民族不可多得的珍贵遗产。陶俑的价值不在价格而在感悟；不在工艺而在内涵；不在材质而在文化；不在拥有而在尊重。陶俑更像民族心灵中最敏感的部分，是历经岁月烟火而涅磐出的民族结晶，充满了令我们追求的未知。

作为世界级的雕塑群，陶俑的发展也经历了从简单到复杂，从偶然到必然，从生涩到成熟，从局部到整个华夏大地的滥觞。这些发展的脉络，亟待文物考古部门、专业的研究者和收藏者去研究，去发现。应该讲，陶俑在出土的古器物类中，数量和品种、延续年代等都应达到了重大研究课题的资格，但至今，没有一部完整的陶俑理论专著，而基本上只就出土的陶俑进行图解、标型和照相。至于陶俑的艺术成因、传承的民族审美心理、墓葬文化的心理成分等，都很少有人深入研究。即便是横空出世的秦兵马俑，也只是让世界震惊了一下，国人自豪了一下，至于为什么在秦王墓中突然冒出了成千上万的真人般大小的陶俑，这么成熟的制坯、模范、烧造工艺，难道只是秦王的一时兴起？这类大型陶俑墓难道仅仅是秦王专有？在亘古的历史天空之中，我们祖先是用一种什么样的心境将这些真人般的陶俑埋入地下？从陶俑的制作工艺追求上看，我们祖先对这些陶俑绝对有让它们千年而不坏的强烈诉求，它们一定会有我们没有破解的先人遗嘱。有汉一朝就有十几位帝王的墓没有挖掘，从目前已挖掘的汉代诸蕃王的墓中，动辄上千陶俑，汉王墓的陶俑数量肯定是巨大而辉

劳作俑

汉代

通高：18cm

作者收藏

盘狮陶镇

汉代

高：10cm　直径：22-25cm

作者收藏

煌。整个埋入地下的陶俑数量恐怕难以估量，然而更加具有意义的是，在黄河流域的汉、唐墓中，许多极平常的墓，都出土了比重臣、将军墓还大、还漂亮的大型陶俑（包括三彩陶俑）。小墓出土大俑，这种反常不正印证了陶俑在我们古代先人墓葬中的重要性吗？这些被我们祖先倾其所有而违制偷埋的陶俑，其行为本身就极为珍贵和重要。而由陶俑引领的烧制工艺，特别是隋白、黄釉、唐三彩更是当时陶、瓷烧造中工艺的领先者和水平最高的技术代表。

在中国古雕塑体系中，洞窟雕塑、寺庙雕塑、墓葬雕塑大类中，真正起源于平民，源于心灵、源于本性的，有着普及性、草根性、雅俗共赏的民间雕塑艺术品当推陶俑。虽然我们的敦煌、大同、云冈、龙门石雕，以及青州的精美寺庙雕塑等，就其精美程度和材质的讲究，远比这些陶俑精美得多，漂亮得多，也贵重得多。但不计其数的陶俑深埋在这块养育我们祖先的土地中，以那点点幽暗的灵犀，保留和诠释着无数祖先那动人的心境和极美的祝愿，被赋予了无尽的心愿和被幻化的理想。它们更应是民族的灵魂。

以此为据，我认为，陶俑在中国古代雕塑史中应具有极高的地位，它们不是一般的明器，而是民族内心外化的重要物证，是中华民族思想发展史上极具形象的物证，是东方民族符号性的艺术品。

陶俑的收藏与鉴赏

当生命最后回到生于斯、养于斯的泥土时，灵魂才得以安息。千百年来无数灵魂附载于泥土中，带着生者的希望，牵着死者的魂灵，具象或抽象地连接着阴阳两界，伴随着现在和过去的对话。而那千千万万的精灵，也附在这些惟妙惟肖的雕塑中，不断折磨着人们的心灵。这些陶俑在我心中进进出出，使我在一种特定的气场中不能自已……

目前，一些媒体与刊物，将收藏与艺术品投资混为一谈，这实际上是非常无知的说法。收藏，也叫庋藏，是精神层面的活动，得到的是心境上的富足和感悟上的收获；而投资更多的是金钱的买卖，一般古董商只关注器物好卖不好卖、有无市场、升值如何等，对器物文化艺术上的地位极少研究，是市场的行为。由于市场不可能对文化、历史、艺术充分的尊重，所以价值和价格就严重分离。历史上从宋朝开始，历经明、清两代，一直是将收藏视为文人的高境界文化活动。无论多大的古董商，都不等于收藏家；真正的收藏大家也从不把市场行情作为自己收藏的关

陶怪兽

汉代末到晋

高：16cm　长：24cm

作者收藏

注点。收藏，重要的是对历史的感悟，是对历史的尊重；更是一份清静的、寂寞的心对物、物对心的精神层面的活动。

单纯从收藏角度去观察藏品，自然就有了艺术品和工艺品的不同收藏见解。目前，以追随皇帝、官宦好恶为出发点的官器收藏，也只是对历史上水平较高的工艺品的一种收藏取向，充其量是附和深居皇宫的皇族对物品极其挑剔的文化见解和有些病态的畸形审美取向。

陶俑是汉文化雕塑体系中极为重要的艺术品，在汉民族雕塑体系中，其数量之大、历经年代之长、品种之丰

玄武俑

汉唐时期

直径：17cm

作者收藏

富，都是其他古雕塑艺术品无法比拟的。由于分布、出土的现状，及在民间收藏的现状，特别是与那些洞窟、石窟的大型艺术品相比，也最适于个体收藏。

自从改革开放后，陶俑各种原因的出土就从来没有停止过。其数量之大、品级之高、艺术水平之卓越，远超过我们的想象。但由于国内文物部门人少力单，加之基本建设（机场、大学、高速公路、开发区）过程中，偷偷出土瞒报而私自处理的陶俑数量惊人。大陆以外的中国古艺术品收藏家以高价收购了许多极为精彩的陶俑，令人扼腕。加上我们这些年一股脑将大钱、巨资都砸在官窑瓷器、金、铜工艺品上，对这些灰头土脸的陶俑不屑一顾，而错失了保护、收藏真正民族化符号性的独特藏品的机会。而且最为可悲的是，从我们一些国家级博物馆的专家起，就看不上这些泥土小人儿，一讲起陶俑就和盗墓的不法分子联系起来。本来文物专家是一个民族艺术品的检验师，他应该为整个民族遗存的文化做出分析判断和鉴定研究，但可惜的是，我们的专家分明象过去历朝皇帝的御用之人一样，言必称御用，动必称官造。其实就皇室那有数的几百人、几千人，如何能代表中华民族几千年的真正艺术感知呢！这种高高在上的文物研究方式，使真正民族的东西湮入时光的烟尘，而那些全国没有几件的东西却被不停地刊出和研究。这些离老百姓太远而产生的屠龙之术究竟有什么实际的用处?

从民国后期开始，据统计，其中以陶俑为内容的目录、发掘报告、专著只有不到40篇，发掘简报、论文不足200篇，对于这类遍布中华大地的古代雕塑品，这种冷漠真令人不解。（其数字引自故宫博物院出版，冯贺军主编的《你应该知道的200件古代陶俑》一书）。

陶俑的品级应如何确定？根据我收藏经历及相关世界雕塑品的有关规则，大致应以其艺术水平为主要评判标准。由于陶俑在汉、唐之际，在墓葬中大量使用，同时在工艺上实现了模具压制，柴、煤混用的烧造工艺。陶俑总体上为数量大、精品少，制式化的多、个性化的少，无动作的多、有动作的少，其精品俑大部分只出现在几个高峰期，即两汉、南北朝、隋唐，其他朝代鲜有精绝品出土。陶俑成千上万，精品一俑难求。

陶俑的历史大致上可分为三个高峰

第一个高峰为两汉时期。经过了春秋战国之后的百家争鸣期，人们辩论了我们从哪里来，我们去哪里的多种学说，渴望着有一个统一的理论体系，这时的董仲舒提出的“天人合一”的思想，使统治者和民众都找到了一种平衡的东方稳定，于是，陶俑在两汉时期发展最快，艺术水平也高。其中出现的女舞俑、百戏俑、杂技俑、击鼓说唱俑等，都表述了当时艺术家的明显雕塑语言，艺术的追求十分明确。虽然两汉时期的俑大部分为中小型的俑（一般不超过60厘米），但手塑、组装的一些俑，由于努力夸大的动作，使陶俑具有极强的动感，同时在夸大和追求“势”的艺术主题下，艺术家放弃了脸部的细致刻划，而将一些舞动、打击、杂技、跃动等动作瞬间极准确地表现出来，有些造型跨度很大，表现了极高的把握作品的能力，这是从秦俑追求逼真还原而发生的艺术上的变化，我们可以说，汉代的陶俑艺术，在秦写实艺术的基础上，进入了写意的时代，是一个非常重要的时代。正是由于汉代陶俑的写意成分和追求写意的审美，我们才有了汉文化中写意审美的艺术源头，而这种经写实而主动写意的追求，在美学上是一次重要飞跃（这和原始人类的写意性美术有着不尽相同的含义）。也正是这种写意的证据，使我们对汉文化中诸多东方艺术的因子有了源头性的认知，也就是说，从两汉开始，东方人对写意美感的这种东方特有的感悟和认知已经确立。

两晋南北朝时期，是一次重大的各民族的交融期，是陶俑的第二个高峰期。成熟的汉文化，包容和同化了这些马背上的民族，在同化过程中，又接受了匈奴、鲜卑、羌、吐蕃、羯、氐等不同民族的一些因素，这些民族在追求汉化的过程中，又在一定程度上整合、过滤了汉文化中的精华。当时南北朝时出现了极为精细而传神的陶俑和气势恢宏的洞窟雕塑，都说明汉文化在同化这些少数民族后也发生了变化和进步。

隋唐时期则是汉文化最具自信，而又成熟灿烂的高峰时期。这时的陶俑雄浑而大气，充满了一个民族的自信，各类大型动物俑、人物俑、仕女俑都在这个时期出现，写实与写意都已成熟，手捏和模制都有精品，特别是随意流淌的三彩而产生出的自信和大气更是透出了艺术与国力的关系。唐代将陶俑艺术推向了最高峰，种类多不胜数，数量极为巨大，艺术家们信手拈来，有釉或无釉的，都淋漓尽致地表现了制作者的心绪，陶俑和三彩、白釉等艺术与工艺水平都高于当时唐代的各类实用瓷器。

从两汉到唐，陶俑春华秋实，走过了极为光辉的道路。宋（辽、金）、元、明、清几代，陶俑依然精品迭出，而且随着基本建设的进程，大批的宋、明时期的俑大量出现，地域更广，制作手法更为多样，虽然比不上汉唐时期的气势和风采，但依然可圈可点，各有特色。

陶俑的收藏在今天是一份寂寞的收获，缺乏的是更多参与者的研究和付出。从金钱角度衡量，陶俑可能不是一种好的投资，但真正称得上收藏者，是心理的感受而绝非是金钱的衡量。当然，收藏中的艺术价值、文化价值最终会被逐步回归的人们加以发扬，扭曲的收藏之路必会被修正。

收藏中的寂寞与冷清也绝非坏事，在繁乱的炒作闹剧中，能有一丝宁静，其实是难得的。聆听陶俑之语，感悟陶俑之情，体会千百年的风风雨雨，心情也变得平和与入定。这种借物的修行，收益莫大焉。远离金钱的背负与不堪，静目净耳，自会寻到另一番的风光。

在收藏、欣赏陶俑之时，从一开始的感知其美到与之对语，再到人与俑共融，超然物外的境界。这时，藏品给你带来的不只是占有的喜悦、升值的期盼，而是人对物的寄情与迷恋，心中的一些原本自己都不太清楚的，被压抑多年的东西会从心底泛起、涌动，当亲手抚摸着藏品上千

灰陶马俑

汉代

长：23cm

作者收藏

年的种种痕迹，会突然有了许多平时从没有过的灵光乍现，想说许多话，也想通了很多事，其实这是心灵深处人与物质间互动与和谐共振。人的潜意识，借原本从心灵出发的陶俑为媒体，给了自己一个真实而可触摸的千年时空通道，然后向它打开了全部封闭的心扉，心中积累的情绪随之宣泄。而陶俑千年的神秘、浑厚、祥瑞的气场，超凡脱俗的韵律，又使你产生一种宣泄后的快感，完成了一次和古人的对话。生命像突然无限延伸，人生经历被瞬间放大，于是产生了美，产生了快感，产生了依恋，产生了超脱的轻松。这在人的高级中枢神经系统产生了一种强烈的反射过程，人们会记忆深刻，并产生依赖，像上了瘾似的，这并非是简单的感官刺激，而是更深层面人与物之间的互动，这正是收藏的魅力所在。

在我多年的收藏陶俑的活动中，在别人都对这些泥土之物嗤之以鼻，或对出土明器避之不及时，我曾用我相当有限的财力和能力收藏了一些陶俑中的精品，如跑步俑、汉代乐队俑、汉代舞蹈俑、汉代兵、马俑、隋白釉武士、唐三彩大型马、驼、天王及唐代大型陶仕女俑等。这些陶俑中的精品，今天已经很难见到了，但当时由于整个收藏界的漠视，一些极其精美的陶俑被不法分子偷运出国，使目前国外的一些收藏家手中的陶俑品级极高，精美异常，甚至可以媲美国内大型博物馆。而欧美的一些博物馆更是将中国陶俑专题展出，奉为东方雕塑的代表。而在国际大型艺术品拍卖中，陶俑更是动辄天价，被西方收藏家追捧。我国的收藏界，一直缺乏对中国文化的整体认识，人云亦云，在审美上甘于堕落，追求俗美的感官刺激。收藏亟待文化的归位，收藏更亟盼真正的收藏大家的出现，扭转目前只有大古董商而无大收藏家的尴尬局面。

收藏是对自己民族历史的复习与反思，以直观的岁月遗存物去体味自己从哪里来，到哪里去的思路过程。收藏是内心深处的自我抚慰，收藏更是打开潜意识中许多一生或许都不会触动的敏感部位。飘然物外的千年烟云，待睁开双眼，心在彼处，身在千年之后，这种人与物之间的无法言表的境界，又有几人能身临其境而感同身受呢！

在陶俑收藏中，如果经济实力强，可以利用目前陶俑价格不明，政策没有完全开放之际，花比一般行情略贵的价钱，坚决收藏一些陶俑中的精品。这些包括：汉代成组音乐俑、成组舞蹈俑、成组的骑马俑、女舞俑、四川的汉陶马（大型）、劳作俑及一些小型的成组杂技俑等；南北朝时期的精致女俑、兵俑、陶釉动物、马、骆驼等；隋唐时期的陶釉（不论白釉、绿釉）马、骆驼、兵俑、大型女俑（胖妞）、大型陶马（山西硬黑陶，河南、陕西白陶）、大型天王俑、三彩俑等。这里说的大型是指超过60厘米以上；精品主要是指雕塑的精细度和传神的程度，其中，特别是手工捏制的更具有艺术性。

这些精品陶俑过去还时常能在北方的一些省份见到，如今也很难见到了，在陶俑收藏中，精品陶俑的比例非常低，几千个陶俑中也未必有一二个精品出现，特别是一些手工捏塑的，独一无二的精品俑更是绝难见到，当然这样的俑其价格非常之高。

陶俑的收藏也适合一些工薪阶层。虽然经济并不十分宽裕亦可收藏陶俑，如果你投的这些钱在明、清瓷器的收藏中，估计手中的藏品也只能是普品、残品，如果一类收藏品你只收有其中普通品的话，收藏本身给你的收获，绝对不会深刻。收藏陶俑可以收藏一个品种，如专门收兵俑、马俑、镇墓俑、女俑等，在一个品类的俑中，价格很贵的并不常见，大部分是一般的，很多一般的就组成了不一般的收藏，这其中最大的机遇就是收藏陶俑的人少，一旦陶俑热了起来，恐怕机会就已失去了。

陶俑是中华文明结晶性的艺术品，其艺术价值、文物价值都非常之高，目前缺乏的是对这类艺术品的重新认识和系统研究。我希望这些精美的陶俑能像当初制造它们的先人一样，被附上生命，附上魂灵，附上希望，并让它们滋润我们的心灵，福佑我们的平安。

藏俑

（一）

收藏，是人一生中最具有挑战性的爱好，一个人涉猎了古玩收藏，可以说，你的人生就有了一个五味杂陈的别样经历。

大凡撞入收藏这个圈子的人都有这种体会，或看上一件东西却百般努力而始终得不到，心痒难耐，真有万箭穿心之难受；或买到了一件自认为“捡漏”之物，喜不自禁，心头被一阵阵暖意加自豪冲击，然时间不长又发现是赝品，灯下盯着此物，迷茫、不解、自嘲、咒骂，翻来倒去如热饼上锅；或无意之间将原本并未留意之物，轻易送出，后突然醒悟此宝贝，自抽自骂；或看上一物，定好价格，只为区区分厘而让别人抢先，而众人齐曰“好东西”时，心酸、后悔，两手如冰；或极喜之物，每次摆于面前而欣赏之，某日，又从匣中取物，失手击破一角，如高楼失足，痛不欲生。这类感觉，是收藏者都会深有体会，肯定还会列出许多。如果不收藏，会有这等心情，这等感受吗？所以说，收藏之人，等于给自己的感觉上加了五香粉，感觉自然丰富的多。

有了收藏，就有了自问自心的反省；

有了收藏，就有了审视良心的拷问；

有了收藏，就有了朋友友谊的新解释；

有了收藏，就有了心高气远的感悟空间。

20多年的收藏经历，在我眼前流过了成百上千的高精绝品，难得之物，更是看过了成千上万的给你贪心带来冲动的各色赝品，也曾经历了许多让你难忘的人和事。物之好坏，人之善恶，情之长短，都如烟如云，如果从人生经历上说，收藏无疑是最值得的人生体验。

（二）

收藏除耳濡目染，心驰神往外，真正要想收藏出名堂来，主要是实践和经验。

所谓经验就是指上手过多少东西，从事收藏时间的长短。有些人为什么老是被赝品捉弄，就是因为见假的少，下农村少，和古玩商打交道少；每年能上手的陶器少之又少，对赝品又不屑一顾，于是真的说不好，假的看不出。有些民间收藏者和古玩商常年奔波于农村，摸爬滚打、运输贩卖，每年经手各种陶俑上千件，一般根本不用上手，只看一眼就八九不离十了，实在不好看的再上一下手，嗅一嗅，也就可定真假了。陶器陶俑，青铜器，加上高古瓷器（元以前的各窑口瓷器）这三类藏品的辨伪，我始终认为专家在民间，专家是那些从事多年收藏的收藏家和古董商，他们在这个环节上应是水平最高的。在陶俑的收藏中，首先应牢记的是不能参与不法分子的盗掘和走私活动，这是非常重要的。

人们一谈收藏就津津乐道讲捡漏，其实那种以极少的钱买来极贵重东西的天方夜谭式的发财故事，只能给新入道的朋友一个误导，以为古玩就靠捡漏挣钱，天天想捡漏，天天上大当。我常年和一些圈里资深的朋友接触，他们很少谈捡漏，因为他们知道，真正可靠的好货是有行价的，如果价格低的不正常了，只有两种可能，或赝品或残件修复。

在收藏上，真正的捡漏是建立在学识和经验层面上的。一件东西，卖的人知道是真的，值钱，但不知值多少钱，为什么值钱，这里就有知识多少的较量了。

比如，我收藏的踏龟天王俑，这一对天王俑个子不大，在天王俑中算中等尺寸的，表面色彩也不太好，卖的人虽然知道是真品，也少见，但珍贵到什么程度，就不清楚了。其实这对天王俑是目前中国天王俑种类中，极为罕见的一对踏龟天王俑，国内外博物馆目前尚无相同的报道和图片。我们知道，唐代天王俑踏牛、鬼、羊、豹动物的很多，但敢踏在四神之一玄武上的天王绝无仅有，所以这对天王俑的珍稀程度极高。而古董的珍稀性又是决定价格的重要因素，物以稀为贵。所以，这对天王俑的收藏价值远远高于其他大型天王俑。当时只用了一般天王俑的价格收藏，不是捡了大漏吗?

还有一种是收藏方向上捡漏。目前陶俑、青铜器因政策原因，市场没有完全放开，流通性较差，常能以非常便宜的价格得到，其价格与国外相比有近十倍的差价，形成了一个时间性的机会。如同上世纪70年代的古旧家俱、明清青花瓷器、和田玉等，都曾经历过无人问津的时期，一旦市场动起来了，再想找，已所剩无几了。终归这些古物和动辄千万计的收藏大军比，数量太少了。如果真是哪一天古陶雕塑、青铜器进入流通市场，尤其是拍卖市场，根据艺术品价值的规律，几年之内和国外的价格就会持平，现在收藏的一些陶俑精品就会大幅度翻倍升值，这不是收藏方向上的捡漏吗?

当然，也不要把收藏建立在完全经济行为上来，不喜欢就不可能深入学习和研究，就不可能投入时间和精力，也就不可能有很多收藏精品的机会。淡泊了金钱，把收藏当成一种娱乐，一种文化消遣，一种玩具，就变得轻松和快乐，不会为升值与否而苦恼，这样

踏龟天王俑

唐代

高：52cm

作者收藏

不是很潇洒吗?

收藏也会像打开的人生五味瓶，有高兴的手舞足蹈，有失落的心灰意冷，有受骗的捶胸顿足，有成功的喜不自禁。有惊，有怕，有喜，有怒，有失而复得，更有得而复失；有千里追寻，得到后喜极而泣的，也有幻想破灭，嚎啕大哭的。收藏会给人们豪不掩饰的感觉，淋漓尽致，永远难忘。

其实，收藏是一种人类高级的自慰行为，用历史文化的感知和超然物外的快意，安抚自我，熨平心灵。

（三）

那么，如何收藏陶俑，又怎样收藏好陶俑呢?

陶俑收藏，从心理上要有充分的准备，一是陶俑并非热门藏品，不要将大量的钱投入，用一些闲钱，不要指望会升多少值，更不容易快速的变现，所以千万不可急功近利。

如果心理上、资金上准备好了，真要收藏陶俑时，一定要储备相关的历史知识。陶俑的真正价值在于它是一部立体的、可视的中国历史，它是由每个不同朝代、不同风格、不同工艺的群体性、集合状的雕塑群组成的。所以收藏陶俑不同于收藏明、清瓷器，瓷器是平面结构的收藏，年代相近，追求品种的齐全。而陶俑必须要有立体式收藏的概念，即沿历史脉络收藏，每个朝代的代表性的作品，特殊工艺的作品，有历史价值的作品都应收藏，件数不见得多，但要精。如汉代的女俑、骑马俑、立兵俑、牛车、乐队俑，南北朝的劳作俑、女舞俑，唐代的仕女、马、骆驼、天王、镇墓俑等，因此各朝代框架性的藏品必须要收藏，这是一方面。另外，是艺术性，陶俑的艺术性相差很大，有的粗糙，有的精美，因为古代的工匠也分大师和徒弟，也分地域。一般地讲，古都、繁华的城市，制作的陶俑水平就高，而在边关、塞外不发达地区陶俑的水平就低，这些差异，使陶俑水平参差不齐，我们尽可能选择雕塑水平较高，制作精细的陶俑收藏。

一般地讲，各类组俑、与宗教祭祀有关的俑、神的形象的俑，制作都比较好，特别是一些完全手工捏塑的和超小型的俑更具有艺术性，应特别关注。

陶俑的收藏是一个长期的、寂寞的过程。在当前热火朝天的书画、瓷器收藏浪潮中，陶俑的收藏就显得冷清和孤独。随着城市的扩张，大量的陶俑陆续出土，形成了陶俑收藏远景和近况的矛盾，其市场走向非常耐人寻味。

陶俑，这一古文化的代表性品种，长期被冷落。除陕西、河南、河北、山西几个省级博物馆有较高档次的陶俑展出外，各地都没有完整纪年史的陶俑系列展品。除秦兵马俑外，很少有人专题研究古陶俑，有关古陶俑的专著或普及性读本少之又少，陶俑在中国受到了极不公正的对待。难怪有些国外的收藏家称今天中国的收藏充满了浮躁和浅薄，和唐宋的文人气质相比，今天确实是一种审美的退化。现今人们追捧清代瓷器的繁复与俗媚，而冷落宋代单色釉瓷器中的那份清高孤傲与平淡宁静，就是明证。

（四）

但凡搞收藏的人，最挠头的就是赝品的困扰。

在今天收藏过程中，辨伪，一直是收藏者必须要认真学习和掌握的生存知识，很难想像一个不会辨伪的人敢涉足收藏领域。赝品让众多的人痛苦不已，甚至抱恨终生；赝品也使收藏过程变得扑朔迷离，诡异无常，如履薄冰，稍有不慎，就入圈进网，后悔莫及。也正因如此，收藏才有了刺激和较量，真假混杂，眼高眼低，天上地下，如火似冰，收藏就真有了意思。这意思又勾住了众人的心尖，晃来荡去，让你快乐与痛苦俱在，捡漏与上当共存。

客观地讲，如今在中国搞收藏，有两个不可避免，一个是不可避免上当，甭管多高的眼，多专的家，只要搞收藏，谁也不敢大声说没买过假货。另一个不可避免是走宝，走宝就是宝贝已经到了自己手里或能到自己的手里，但由于认识不足没拿或以低价卖出，使宝贝从自己眼前走过。这事比买假还难受，还折腾人，特别是自己低价卖出的东西让人捡走，卖了大价时，那滋味绝非是文字能表达的。

同样客观地讲，搞陶俑收藏也必须直面赝品。

陶俑的赝品近年来泛滥成灾，如今凡古玩市场地摊上的、农民箱子里的陶俑，绝大部分都是赝品。但真的永远是真的，陶俑的赝品水平与其他收藏种类的赝品相比，还是初级阶段，并非像一些人所说的连专家都无法辨认了（唐三彩除外）。在几年前曾使一些专业人士上当并大量购买的所谓高仿陶俑，我曾上手过，说实在的，但凡玩过几年的人，这些陶俑都是一眼便可辨出真假的，真不知道是怎么上的当？

陶俑的造假，也分高、中、低三个档次，上面说的顶多是中级的赝品，真正高档的陶俑赝品，确实可以让许多多年玩陶俑的人都犯了糊涂，在高档赝品中也分这么几类：

一是半真半假。陶俑出土，由于某种原因，头部残的，身子失的数量不少，这时就有人专门收集头和四肢，然后改造组装。我曾买过一个男身女头的俑，当时看着新鲜，再加上着急，就买了，回家仔细一看，怎么看都别扭，最后弄清了是组装的。

二是头老身子新或头新身子老。因为俑头不好做，有些大型陶俑脸部生动逼真，很需要功力，不好作假，而身子可以简化，包上一些泥，再用塑膜包上，故意制造有公安要来等等，催你快买，弄不好上当。

三是整体作假。这类作假者有一些高手，是文物工作者或收藏陶俑者。这些人用真俑翻模，然后上彩、做旧。近年来，此类高仿品做旧工艺已经有所突破，据说都可以卖到港台一些大收藏家手里了。

陶俑的造假，以河南、山西、陕西为最严重，为什么？答案也简单，因为这些省份每年有很多陶俑出土。真的陶俑，非常精美的高品级东西，通过地下渠道很快走私到境外，一般从出土到出境不超过两个星期。每年苏富比、佳士得、伦敦、纽约的拍卖会上的陶俑大多是从这里流出去的。有残的或品级不高的，由当地古董商卖到国内的收藏圈子里。所以市场中极难见到真品。当地农民利用砖窑，烧造一些极蹩脚的假陶俑，在各地古玩市场出售，据说，竟比真陶俑卖的还好，令人称奇。

陶俑的辨伪，我从事收藏以来的主要体会和经验是：

一　看型

雕塑是艺术品中时代特征最明显的品种，想穿越千年，模仿古代匠人的手法、造型、感觉、审美、线条、心态等艺术因素，谈何容易。有些是用真俑翻模制成的，用古俑翻模，极不容易，搞不好毁了真俑；翻出新俑后必须用刀修形，这一动刀，破绽就显露了。建议喜爱收藏陶俑的朋友，动手收藏之前，先去几大博物馆看看，再买几本国家级博物馆的图册，熟悉各朝代大致的审美取向，造型特点。

造型怪异和造型现代是赝品中最为常见的。造型怪异是因为仿制者无法按古代陶俑的气息准确表现，心里发怯，于是制造出一些谁也没见过的怪异形象。其实古代人们对待陪葬的陶俑十分重视，一些高级工匠的作品，是其他工匠学习和模仿的对象，也被当时人们所推崇，所以陶俑个体上不论如何变化，都会有一个主体的时代性，也受当时条件、工艺的影响。这些艺术元素往往为仿制者所忽略，露出了破绽。如汉、唐代马俑，虽然精细、传神，但不失古拙，更要受当时工艺限制，所以大部分马四蹄立地，或只有一前蹄抬起，这是因为古代烧陶为柴烧，温度上升很慢，陶的坯体在窑中随温度上升会发生热膨胀现象，如果稳定性不强，必然会倒或断裂，所以古代匠人给马、驼等，由四腿支撑的动物安上踏板，既好放置，又有稳定性。今天，用的电炉或火力均匀的煤气，将坯体放入，迅速升温，立即烧成，在工艺上不必考虑坯体的变形。所以市面上出现的一些仿品，两前腿上扬，或四腿有三腿悬空，从工艺上看必假无疑。再如，有些仿品从造型上乍看，感觉还行，但一些细节上露出了马脚，如将军俑的盔甲，从南北朝到唐代，最常见的是明光铠，而明光铠在南北朝时是实用型的，用于作战，前后都有两个圆形护镜，而到唐代逐渐演变为装饰性甲胄，只有前胸有护镜，后背就省略了。以此为据，凡南北朝时代的将军俑、持盾俑只要穿明光铠的后背部没有圆形护镜必假，而唐代天王、将军俑明光铠后面还有圆镜也要特别小心。其他细节上，如仕女捧的粉盒、方盒、马、驼背上载的瓶罐，其标型上是否和当时的器型一致；其发髻、头饰、持物方法等都应仔细鉴别。

有人把看造型称为“望气”。有经验的高手，看一个陶俑，三米之内，可立判真假，根本不用上手，这就是因为他们已将各朝代的造型熟记在心，只要仿品有极小部分的失真，立即会给他们不舒服的感观反应。也就是他们说的“连一眼都没有”。陶俑的辨伪，造型上的学习和领悟非常重要，因为我们有时购买陶俑的环境条件不好，如昏暗的灯光，潮湿的胎体，包裹的泥土等。在这种情况下，造型观察可帮助我们在极短时间做出判断，非常具有实战性。

二　看胎

一件陶俑，岁月的痕迹，在胎上体现的最为充分，况且几乎所有的陶俑都是出土的，土质和陶俑在地下的环境对胎质影响很大。目前陶俑的胎土以颜色、原料划分为红陶、灰陶和白陶，红陶是由粘土入窑直接烧制而成的，灰陶在灭火时向窑内泼水而形成，白陶是由一种白粘土或高岭土经烧制而成。但不论什么胎体，由于地域土层的区别，都会有一些细微的不同，就拿红陶说，有些颜色发深，有些发白，有些近似黄色。一般地讲，北方黄河流域

参军戏俑

唐代

左俑高：30cm　右俑高：29cm

作者收藏

陕西、河南，红陶多见，而山西灰陶较多，从年代上讲，汉代灰陶较多，南北朝、唐代红陶较多，这只是笼统的划分，并不绝对。不论红陶、灰陶或白陶也都分为软陶胎与硬陶胎，这主要由窑中温度和胎质决定的。一般软陶胎土沁较重，有粉化现象，而硬陶胎会有碱层，容易开裂。

观察胎体的新老一般掌握如下几个参考要点：

老的胎体都会有比较难于清理的土沁、水沁的痕迹，俗称皮壳。而新的胎体，无论如何用酸咬或抹土，一经水洗必然会掉。土沁的形成应为片状，自然。而一些成片圆珠形的不好清洗的是喷胶之后撒土做成的假土沁，这点应特别注意。

老的胎体，一经喷水会散发一种墓土的味道（注意不是一般土的味道）而新胎一经喷水则会散发出酸、臭等化学性怪味，或只有淡淡的土味，很快消失。收藏多年的陶俑也会没有味道，这点也需注意。

老的胎体在放大镜下看会有长年侵蚀而在胎体表面形成的蜂窝状丝络结构，新胎体则表面光滑板结。

老胎有很小的孔洞，孔洞很深，如果细细观察，会发现里面有石灰的痕迹，这是由于古代制胎时有一些石灰质混入胎中，在长年潮湿的环境中石灰质比粘土软，被腐蚀或随水气逸出，形成了极小的孔洞，这是仿品无法仿制的。

老胎有一层千年形成的皮壳，这层皮壳不同于瓷器的包浆，是一层胎表面氧化后形成的白灰色反应层，不是白色铅粉的化妆层，用手无法擦掉，而新胎无论如何做旧，在感观上有很大区别。

老胎吸水性自然，而新胎要么吸水很快，要么不吸水。

据介绍，有人用盐酸试胎的新、老，将盐酸滴在胎体的水垢层上，如是老的立即冒烟起白沫，而新的不冒烟，不起沫（本人没有做过实验，只是听说）。

目前比较常见的陶胎做旧方法有：

将陶胎放入稀释的盐酸中浸泡，而后包上加入铁屑、铜屑的墓土密封后埋入地下，待酸味散尽后挖出，其胎体上会结上一层极似深坑墓葬中出土的陶俑土沁。但这种作旧方法害怕用热水浇，一浇味道必然还会散出。

将陶胎用火加热，然后将墓土中加入白矾，趁热遍撒陶胎上，反复加热，反复撒土，形成可以乱真的土蚀层。对待这种方法，注意，凡用竹刀从老胎上挑下的土蚀层为片状，片状层背面一定要和胎体的颜色层或外层互相咬合，而露出的胎面一定为蜂窝状，如土蚀层为散状，而土层后的胎体坚硬光滑即为赝品。

将龙须菜、白芨煮水或将胶水刷在陶器表面，一边刷一边撒上墓土。这类做旧方法做出的土蚀层往往撒上的墓土会形成珠状，而墓中出土的陶胎绝不会有珠状的土层。

将陶胎放入农村的粪堆中腐蚀，形成斑驳的陈旧状，但味道很难去除，凡发现摆放陶俑的地方苍蝇很多，必是假货，因为苍蝇对味道比人要灵敏很多，虽然做假者经过去味工序，可以骗过人，但骗不过苍蝇。

将陶俑放入水池，每天浇一层墓土的泥浆，直到填满，这样的皮壳会形成片状，很逼真。

将做完旧的陶俑放入旧棺材板压成的粉末里，倒上水，泡上半年，就有了墓土的味道。

将旧棺材木屑加颜料、墓土做成浆，用弹拨法弹在陶胎上，形成皮壳。

一般陶俑和陶器的胎土是从窑炉附近取土，一些高档的陶俑原料粘土要从其他地区运输。粘土经过沉淀，胎泥越来越粘，成分越来越纯，将这些粘土放入池中发酵，经一年以上的腐化，胎土中发生了化学反应，粘度（可塑性）加强，在大型陶俑的烧制中不会发生塌倒或变形。在模具开完后，将发酵好的粘土胎泥，用力压入模中，然后翻出、晾开，八分干时，用竹刀修雕脸、头饰、手等部位，再前后合模用粘土浆封口。一般大型陶俑头、躯干、臂、腿分别制模成型，烧成后再对接，而小型的陶俑可以整体完成。

真品的胎体细腻而有张力，很少出现蛇纹状拉裂纹，而仿品胎体沉淀和腐化不充分，烧制后合模处会出现裂纹。有些仿品为达到胎泥的速成，往往向胎中放水泥，这种胎体坚硬，没有陶胎的弹性，上手一摸即可分辨。

古代陶俑大部分为木柴烧窑，窑温在800－900度之间，较好的窑可烧到1000度。木柴升温是一个缓慢的过程，陶体在窑中烧结时间长，燃烧充分，胎体从里到外，燃烧完全，而且是一层层形成烧结层，很少出现生烧（这里主要指较大型和高品质的陶俑胎体）。一些出土的陶俑虽然经过上千年的水浸土埋，在酸性土或碱性土中被慢慢腐蚀，但经仔细观察，真品陶胎的腐蚀层也包括粉化层，是一层一层的，即不管腐蚀程度多深，用手擦去腐蚀层或粉化层，里面依然会有多层面状坚硬陶层，用手磨擦可擦出陶的坚硬亮膜层。而仿品用油、电、煤烧成，经人为腐蚀做旧，不论制胎阶段还是烧制阶段，其工艺都以速成为特点，没有时间上的自然变化（如胎的腐化时间，木柴的燃烧时间），都是在极短的时间完成，其胎体因工艺问题产生生烧和板结。不经人为做旧（腐蚀）的胎体硬、涩、板、死，用手一摸，即可分辨。而用强酸等快速做旧时，酸流进胎体，这些快速烧成的胎体，没有形成结构上的层面，一旦被腐蚀，酸、碱等化学液体进入胎的结构中，胎体就会变得脆、绵、裂，而且手感会极为不好。所以，由于工艺上的不同，假的陶俑不论是腐蚀还是深埋、涂抹，都与真的陶俑有比较大的区别，这些不同是由于古今工艺不同造成的，是今天作假者无法逾越的。所以，建议收藏陶俑的朋友，自己不妨到烧砖的窑场去开模、澄泥，做上一回陶俑，找一下感觉。如果没有时间和条件，最起码要从市场中买回几个假的陶俑（不要太大）亲自做旧，建议采用酸、强碱腐蚀后，将各种土加入铁、铜的成分，用大的花盆或结实的塑料袋（多层）将做过旧的陶俑放在里面，浇上水，放置一段时间，观察变化，这样对陶俑的真实陈旧的痕迹和速成做出的痕迹会有一些认识和感觉。

三　看色彩

从颜色上区别：古代陶俑身上的颜色为矿物质和天然植物为颜料，色彩的牢固度不强，大部分出土后已褪去，只有在一些土层干燥的墓中，才能有颜色鲜艳的陶俑，但这个颜色鲜艳绝不会与化学颜料的浮色相同，古代陶俑身上的色彩表面一定会有一层氧化层，收藏陶俑多了这个自会有所感知。

古代陶俑的颜色大多已氧化粉化，用手一摸就会脱落，摸过之后留在手上的色彩，经水一洗应立即就掉，如果是化学成分，不太好洗净。

古代陶俑身上的颜色脱落时为片状脱落，脱落自然，现今做假者上完颜色后（包括一些老胎重上彩），用胶带不断粘磨，使颜色脱落的状况非常接近自然的脱落，这点要认真观察，自然脱落在胎体凹凸处非常自然，而用胶带粘掉的为大面积突出部位的脱落，一些凹处明显鲜艳的不自然。

古代陶俑身上的彩色会随粘在身上的泥土剥落，粘附在剥落或清理下的土层内侧，用放大镜看，是一种自然附着，而新上的颜色即便敷上泥土，当泥土被清理后，泥层内侧带下的颜色层很薄，有些只有薄薄的一层，这是因为新上的颜色没有上千年与泥土之间的渗透。不会形成渗入泥土层的颜色反应层。

在鉴定陶俑的真伪时，除以上讲的外，对社会学、心理学鉴定法也应借鉴使用。

古陶俑大部分出土于黄河流域和四川地区，如果卖陶俑的人是不经常出土陶俑的地方的人要特别警惕。

凡被厚厚的泥土包裹着的陶俑要特别警惕。

凡相同造型又大批出现的尽量不买。

文物市场地摊，流动或不知根底的农民手里的陶俑，大部分为仿品，不要购买。

要价特别便宜的要高度警惕。

没有残破，没有修补的大型陶俑要特别注意。

造型怪异，造型现代，身上同时具有两个朝代特点的陶俑大部分是赝品。

太软或太硬的陶胎应特别注意。

非常潮湿的陶俑（出售者利用潮湿不好观察胎体）轻

男女立俑

唐代

高：37cm

作者收藏

易不要购买。

成堆的陶俑，而又非一个朝代的要高度警惕。

唐三彩、辽三彩、宋三彩的俑或器要高度注意，因为这些品种的赝品水平已经很高，有些鉴定要点已被造假者突破，一不留神就会上当。

四　看工艺

自两汉以来，陶俑的制作不断发展、成熟，到南北朝、唐、宋已经成为一门相当成熟的雕塑艺术和制作工艺。根据目前零散的陶模具的出土，古代陶俑制作工艺和今天作伪的现代工艺有极大的不同。古代的陶俑，模具大部分是硬陶的，只有极少部分是铜的。而今天，作假者为了节省成本，大部分用石膏或树脂，由于石膏和树脂模具与硬陶模具相比，成本低，陶泥的填入和压模之后出模的坯体都有细微的由于工艺原因产生的差异，目前还没被造假者突破（即便使用硬陶模具也无法相同）。

陶俑的工艺大体分为三种，模制（包括单模、双模），模制加手工雕塑，手工雕塑。汉代时陶俑分开模制，模做得很粗，由于压泥力度不同，有很多汉俑对接得相当粗糙。南北朝时，开始在人物动物的颈部、腿部、臂部用铁棍加固。到了唐代，大型俑从两片对粘发展到上下两截烧制，多套模具组合，出窑后再对接，而一些大型陶俑、陶马，内腔也加入木柴，同步燃烧以减少变形。这些古代在烧制过程中采用的工艺，很多是因为当时烧造条件的限制而产生的无奈或补救方法，在工艺痕迹上可大可小，可有可无，是一种不经意的工艺痕迹，今天的仿制品，为了和真的相似，有意地追求一些痕迹，表现得非常做作，是一种模仿。但恰恰这种模仿的刻意性，表现了赝品的特点。很多有经验的收藏家就是在把握一些各朝代工艺上的特点和了解为了模仿这些特点而露出的马脚的基础上而能够鉴定真伪。如目前在古瓷器的底足，接坯，剔花，火石红，拉坯，开片儿等等工艺痕迹上的真赝之战，一直是收藏者与造假者之间的博弈。

过去仿制的陶俑，水平很低，即便不懂陶俑者，只要你见过真品，就可以看出假的不顺眼。但今天，由于陶俑的价格猛涨，国内大规模基础设施建设的逐步减少，文物部门加大了对盗墓和走私文物的打击力度，使陶俑数量骤减，随着国内一些喜爱陶俑收藏人群的扩大，陶俑变得稀少而难得了。于是造假之风也刮向了陶俑，从过去的农民用小窑烧制变成了现在一些从事雕塑业的人甚至一些考古工作者共同造假，使用的窑和胎泥也都有了很大的提高，使假陶俑更为逼真。一些人上当，损失惨重，甚至花了几百万也没买到几件真品。于是有人就大呼陶俑无法辨伪，致使一些人望俑生畏。

我收藏陶俑时间算早的，但上当买错也多了去了，有的赝品买的奇怪，如果按一般经验讲，不会出现这样的“昏着”，但实际上，有些特定的情景环境，起着重大的作用。

我一次买陶俑，现在想起来挺有意思。当时在20世纪90年代初，各地都大上基本建设，修机场、高速公路，当时黄河流域一带几省，特别是河南、陕西、山西，经常挖出古墓。施工队伍都是承包，为了抢工程进度，挖到古墓根本不报文物部门，而是封锁消息，将挖出的古物迅速处理，然后继续施工。那个时代有许多好的陶俑在市面上出现，价钱也不太贵，我就一批一批地收，其中不乏精品和绝品。当时有些大脑发飘，认为送货的贩子只知新老，不知品级，所以对一般普品没有兴趣，只想搞一些绝品。一次听说山西有一批隋青釉的俑，马上赶了过去，住在宾馆，旁边屋有几个港客，听贩子说也是冲着这批隋青釉来的。

夜里快1点时，通知看货，由贩子开一辆桑塔纳，将我和朋友及两个港客一同拉出了城市，几十分钟后，拐进一个村子，在一个大四合院外停了车。在昏暗的灯光下，我们进了院门，迎面是四只绿色的眼睛，定神一看，两只小驴大小的狼狗，蹲在那，并不叫，看来极有训练。七拐八拐，来到后面的一间屋子，昏黄的灯光下，地上摆放了一地俑，得有几百件，有人从堆里拿出几件给我们看，我掏出手电看了一下，是隋青釉，没有错，只是残的比较多，记得有车、有马、有兵俑、胡人俑等。港客似乎是个老手，除自己看外，一直观察我们，待看到我们表情后，马上把贩子拉到一边，嘀咕起来。估计这几人看出港客有钱，没把我们放在心上，正谈着，忽有两人跑了进来，慌乱而神秘，咬着贩子的耳朵，贩子马上用当地话让几个人将俑用卫生纸包好装箱，速度极快，港客有些着急了，和贩子到院中交谈，也就两分钟，成交。我有些不满，嚷道："我们来一趟算怎么回事。"贩子过来赔着笑脸，掏烟，指着地上几件残的马、兵俑说："这几件不算大残，便宜给你们，算是朋友道吧。"我们看着港客和其他人将几大箱俑运上车，无奈只好将几件残破的带回宾馆。

在宾馆里，我们懒懒的将几具残的俑拿出来，仔细一看，不禁大吃一惊，这和给我们看的全然不同，都是高仿，而且很是到位。想起港客、我们和贩子之间的迷局，我们不禁出了一身冷汗，被宰的港客至今都会认为我们是托儿呢。其实，拿几件真品，有一定比例的残件，昏暗的灯光，神秘的气氛，都像在演戏，最后由于我们的参与使港客定了心，以至上当，当局者迷一点不假。

经验在古玩行中是最为重要和可靠的，并且应不时大声提醒自己，天上不会掉馅饼；戒贪，更不能赌，头脑发热，冲动时不要买东西。再有，找一些人品好的行内人多咨询，可以少上许多当，少走许多弯路。即便上当，也不要灰心，不论任何人，凡搞收藏的，还没有没上过当，没买过赝品的呢。

现今不论多么顶尖的作伪高手，也不可能跨越千年的历史，去模仿古代器物而达到完全一样。不论高仿多精，也是仿，仿品永远不会成为真品。仿品也只能貌似而不会神似，只是我们自己的心态要平静，那些上当者，实际是心态的原因。所以我一直对现在各种媒体大讲“捡漏的故事”深恶痛绝。捡漏在收藏过程中是有的，也是收藏中一种特殊现象，眼高的吃眼低的，是收藏中不可避免的。但捡漏只是收藏中十分偶然的事情，不是收藏活动的主体，收藏就要物买所值，物有所值，收藏是一种经验和时间的积累，收藏没有捷径。

今天，陶俑依然孤独地被冷落，这倒使我有了一种从容的心态。虽然陶俑已不像20世纪90年代那样容易收藏，但精品仍时有可见，这对我而言，是难得的缘分，是人生莫大的快乐。而这种快乐，在如今社会中已极为难得和珍贵，能享此福，能遂此意，真乃天赐。我怀着一颗感恩的心去收藏和领悟陶俑，这些让我不断快乐的陶俑，会使我孤寂的灵魂充满幸福。

随风飘荡的灵魂

你能感受俑的感受吗？你知道俑在想什么吗？可能有人认为这个问题无聊，但我可以告诉你，这非常真实。当某一天，人们怀着不同的心情，或高兴或压抑地将一团团泥捏成人型时，也就赋予了它人的生命、人的情感。人所创作出的艺术品，都是作者自身的延展和升华，这其实才是艺术品真正的价值部分。心与心在经历了上千年后再次对话，而实现这种对话的则是一具具陶俑，这难道不是一种极具价值的，而又极其独特的过程吗？俑肯定会有感受，俑也肯定会想什么，只是我们不敢跨越时光去访问而已。错过了这千年的闪回，也实在是遗憾。而俑们最想告诉我们的，也是它们最为痛苦的，是深深的眷恋和无法言表的悔过。

如果历史允许一些人死而复生，会出现什么情景？

秦始皇横扫六国，统一中华，何等的气魄！但他做梦都不会想到大秦王朝只传了二世；连当时烧造的陶俑军阵都能让今天世界折服的伟大帝国，瞬间烟消云散了。始皇帝如再活人间，会作何感想？

曹氏代汉，司马氏代魏，大凡改朝换代都极为残酷和无情，面对懦弱、愚蠢、可怜的后代被整族的灭绝，这些枭雄与智者，倘若复生人间，又会如何泣血而叹？

历朝历代的君王，读着历史，却都犯着和前朝相同的错误，世世代代，不能幸免。这在人类中难道是一个必须的劫难，是一个无法超越的咒语，或只是一种宿命。

红陶胎褐釉打腰鼓女立俑

隋代

高：21cm

故宫博物院藏

陶画彩琵琶女俑

隋代

高：24cm

故宫博物院藏

都说以史为鉴，都说是盛世名君，然而当被历史无情地判个不及格时，其人已去矣，甚至都找不到遗骨，只有经过火烧的陶俑被挖出地面，来到人间。它们当年极为隆重地被和主人一同埋入地下时，也曾举国同泣，泪洒全城，人们极虔诚、极悲伤、极严肃地将他们埋入地下，并发誓要继承和脉传他的英威理想。但很快，人们就淡忘了一切，年轻人不再知道他了，史官们开始批判和指责他当政时的错误和欺骗。当它活着时，竭尽全力想让世人永世不忘记他的努力，只换来后代对他的茫然和不屑。这才是历史，是真实的历史，人永远不可能超越和左右历史，千万不要轻信什么万岁和轻言感恩。

从陶俑能想到人生。其实，历史岁月对人是公平的，那些活着时候四平八稳，中庸平静，吝于牺牲者；既无魄力，又无胆量，只靠苟营之术，欺世盗名者，历史肯定不会记住他们。而那些以生命为博场，逆流而上，有大学问、大胆识，而又敢击节高声，怀疑流行，揭露伪言，狂放不羁，而真称清流名士者，只为一念，活得极苦，极压抑，极不幸福，却或可博得史名流传。这其实是一种付出和得到的千古真理，失去同时，必然有得，反之亦然。这有些像佛教中的苦其今身，再修来世的佛理。想青史留名

陶酱釉舞俑

隋代

高：18cm

故宫博物院藏

而又不愿活的时候用生命付出，何名之留？一些峨冠博带之人，待坟头青草尚不及再度青绿之时，人们已全然忘记，再忆都难。这和活着时候想流芳百世，真是天地之别。历史上的君王、权臣，今人谁能说出个一二，即便只十年、八年的时光，再问年轻人，已漠然不记。

想让历史记住，耽误了多少人。

想让历史记住，也玩笑了多少人。

俑们是真实的记录者，是随风飘荡的远古灵魂。它们以人类无法达到的寿命，活到了今天，它们知道历史的真相和谜团，它们更知道历史的无情和人的渺小。

人们都说历史是长河，人只是河中沙粒而已，与河比起来，沙粒哪来的伟大？狭隘的正义，无知的理想，可能都是历史上极微小的声息，与大河的咆哮相比，可忽略不计。

俑也不解，俑更委屈，它们努力去告诉我们当时的真相和一直被歪曲的真实，但同样，它们的声音也在大河的流淌中，微小而没人注意。

历史就是这样，从不顾及人的愿望，当然也不会顾及俑的感受。

俑，于是由感受而感伤，由悲怆而悲凉。虽然他们都活了几千年，却仍然没有变得伟大，与它们相比，我们人类还能有什么？

俑与历史相比，渺小而无知；

人与俑相比，更渺小而无知。

收藏絮语

陶俑收藏，虽然也是艺术品的收藏，但其收藏经历却和别的门类的收藏不大相同，具有一定的危险性。有些事，今天说起来像是笑话，若是在十五、六年前就笑不起来了，那是真危险。

陶俑的来路非常复杂，不排除有专业的盗墓分子盗挖的，但很多是偶然出现的，如修公路、铁路、商品房开发、挖煤窑等，都会和古墓相遇。有许多农村的文物贩子（当时的称谓）就是跟着施工队跑，遇有出土文物时，他会第一个出手，于是随挖掘机、推土机出土的铜器、陶器、古钱都被这些人迅速收购，迅速卖出。出土的陶俑很多，份量很重（因为潮湿），在缺乏交通工具的年代，背上一大箱子陶俑走上十几公里路，也是力气活了，再遇上民兵、警察，就自认倒霉了。当时法制观念不像今天，收购陶俑就像今天贩卖毒品似的，提心吊胆，摸黑走路，甚至对对暗号，说说黑话什么的，反正挺危险，挺刺激。从心里说，我们这些玩陶俑的，最恨那些盗墓的、文物走私的，为了那几个洋钱，就将老祖宗留下的古艺术品偷运国外。但我相信，凡真正喜欢中国古雕塑艺术的人，绝不会将自己历经艰辛而得到的宝贵藏品卖给别人，更不要说外国人。

谁也不愿犯法，但你不收购陶俑，这些陶俑就会流出国外。据我所知，近几年国外大拍卖会上拍的陶俑都是这几年出去的宝贝，其中有些连国家级博物馆都没见过。严厉打击盗墓、走私贩卖文物的同时，应面对现实，那些出土的古陶俑，也应允许其在国内交换、交流，相信自己的人民，藏宝于民，也是国之大幸。

古玩行内讲，玩瓷器的玩工艺，玩陶器的玩文化。工艺是指标型、烧制技术、装饰水平等，比如一只碗的底足，不同时代，对底足的处理就很不相同，挖削工艺就更不相同了。入刀的方式，行刀的速度，足墙的深浅等等，一个看似平常的器足，就有许多不同时代工艺上的特征，也就是这些特征，才使今天的仿品与老的真品有着永远无法完全相同的痕迹。而陶器所讲的文化，除了必须谙熟中国古代史、中国雕塑史、民俗史外，我们还要先通过学习，走回到我们祖先制造这些陶器、陶俑的时代，纵横几千年，让这些历史通过陶俑，使我们有了新的感悟。每个时代的陶俑都有极强的时代特征、人文精神，收藏陶俑多了，远远一看就能知道这个陶俑是哪个朝代，是真是假，有没有动过手（修理），这是表层的技艺。

说起文化，这点其实极为重要。我有一个朋友，长年在黄河流域收购古物，其中看陶器的眼光可谓一流，一件陶器他一看就知道什么地方出来的，修没修，谁修的。所以我刚玩陶俑时，他给了我很大的帮助，我的很多陶俑都是他让给我的。但随着我的眼力提高，我发现，我朋友这拨人有一个最大的缺点，弄不准这件陶俑到底是什么级别的。因为陶俑在国内不能上拍，这品种繁多，千奇百怪，大小不一的陶俑就让他们犯了难。哪些陶俑定什么价，他们根本不清楚。这样，我从他手里就捡了不少“漏儿”。按说在老行家手上捡漏几乎不可能，但正是陶俑的复杂性和雕塑美学的特殊性，牢固的文化基础和美学悟性才让这种不可能变为可能。如整套的汉代百戏俑、绿釉的汉代陶案、背水女俑、蒙面男女汉俑等，都是我按一般陶俑的价格买进的精品俑。真正拿陶俑作为中国仅有的古雕塑艺术中最民间性、最市俗化的艺术品来研究的话，肯定比现在一些专家研究的课题宽很多。那些不远万里来到中国的西方考古专家，不也写出了在世界范围都份量很重的《中国雕塑史》等专著吗？我们专家认为没有价值的东西，在西方却非常流行，这难道只是奇怪？

在陶器收藏中，一般分彩陶收藏、陶器收藏和陶俑收藏。彩陶是史前远古时代人类最早使用的工具之一，其中画在陶罐上各种绘画是人类初期的最早的绘画语言，是一种极具文化内含的收藏；陶器收藏，主要指收藏一些陶制的器具，如各类陶鬲、陶鼎、陶仓和地域性的黑陶、夹砂陶、硬陶等。由于这类陶器极为庞大，也是具有挑战性的收藏；而陶俑收藏，是指收藏用于陪葬的各类陶制的人型、动物型的偶象。陶俑是伴随着整个中华民族的墓葬起源而产生，没有中断地沿革了几千年，是世界历史中绝无仅有的艺术雕塑品。

收藏陶俑除必须具备分辨真伪的功夫外，评判陶俑的品级也非常重要。我开始收藏陶俑时，陶俑很多，遇上机会，面对一大堆陶俑，你不知道买哪个，虽然价格不贵，但买多了你运不走。开始时尽挑个大的、完整的和土沁严重的（认为这样的才是开门的），到后来慢慢懂了，陶俑是人工的雕塑艺术品，不同于大批量的工艺品，其中包含有人文的精神和制作者心思、心情。同一类产品，如马，在不同的人手里，其艺术性会有天地的差别，价值自然也相差极远。

记得我曾在陕西一个小地方看到了一坑近几十件黑陶手工捏塑的人和马、牛、动物，风格极为独特，作品都不大，但都是手塑后用竹刀削刮，从作者竹刀的行刀速度看，作者以极快的刀法追求神似，整个作品只有头部刻画精细，而身体部分略略一捏，这群东西摆在那，你会觉得浓浓的陕西风味扑面而来，现代人，或其他地方的人都无法模仿，这味道没有长时间的深刻体会不可能模仿。遗憾的是，看到它们时，我的钱已经用光了。至今，我都能准确地说出有几个人，几只羊，几匹马，几头猪。

目前，陶俑收藏从品种上应分为四大类，如果要赋予它们合适的解说词的话，它们应该是：

镇墓类俑：它们再现了一个又一个庞大或精悍的军阵，悄然地守卫着已随岁月消失的主人。他们被赋予了能吓走任何来犯者的容貌外形和神力。人们希冀，这些艺术化的夸张，会使它们更为孔武有力，更加威震四方。

镇墓类俑内容庞大，如天王俑、将军俑、军马俑、骑兵俑、镇墓兽、各类镇墓法器等等，是最为常见的大型俑种。

仪仗类俑：它们曾以女人的美丽而成就故事；他们曾以睿智的忠诚而成就功名；他们曾以极为平淡的一餐一饭而成就岁月；历史因为他们而格外有趣。

仪仗类俑包括各种文官俑，男、女侍俑，随从俑，及大量生活化的俑类。这类俑艺术价值最高，其中各类女俑、劳作俑等都具有极高的价值。

表演类俑：它们在旋转的瞬间被定格，美，就此成为永恒；它们的欢乐和幸福被嘎然中止，黑暗中失去了日出日落；逝去千年的风花雪月，谁将洞穿时光，将美再次传出。

表演类俑包括舞蹈俑、音乐俑（奏乐俑）、百戏俑（杂技、气功、说唱俑）、侏儒俑（各类变形俑、玩具俑、跪拜俑等）。这类俑大多成套出现，数量多寡不一，但收藏价值、艺术价值，包括经济价值都极高，一些精品当为国宝。

动物俑：伴随着人们的生活，无愧于忠诚伙伴的职责。人们将自己的意愿附加在它们身上，使他们看起来比人还人。它们带给人希望，带给人幻想，它们默守于心的这份人情，使人们对它们不敢忘怀。

动物俑包括牛、马、骆驼、鸡、狗、鸟、羊等等。其中以马、骆驼珍品最多，特别是各类陶马（三彩）是极具收藏和艺术价值的。

收藏陶俑，要特别留意造型奇特的作品，下图这两个陶俑就是一对极为珍贵的陶俑精品。两个俑高20厘米，俑在中心轴线上大幅度扭摆，整个身体似动态中的瞬间被定格。俑的服装极有特色，对开襟的宽大袍服，袖子却窄小方便，下摆宽大，腰中系宽丝带，头戴莲花冠状头饰。最精彩的是脸部的表情，它们眉头高耸、上挑，两眼凸鼓，鼻孔上翻，表现一种紧张、关注的情绪。而其中一位竟将舌头吐出抵向上唇，这真是精绝的一笔，这种将人物情绪用动态的出人意料的动作表达出来，非大师不可能有此功力。雕塑作品能雕塑出动感形态已是高手，能在不大的脸部上，准确地雕塑出五官的动态，更是鬼斧神工。记得刚得到它们时，我被这对上千年前走来的陶俑震惊了，从每个角度看，都完美准确，充满了劲道和韵律。这对俑，完全是一个偶然的机会而得到的，至此，我信了“踏破铁鞋无觅处，得来全不费功夫”。我曾为了找到这类说唱、动作、舞蹈类的陶俑而不惜利用所有休息日奔波于各类人之间，打电话，后来上互联网，都无功而返，却不料，这个机会竟如此轻易，像是一种特意安排的缘分。收藏是讲缘分的，机遇、知识、金钱、信心、胆量，缺一不可。这类陶俑在收藏中极难见到，由于陶俑自两汉之后，大部分为模制，一般的俑多，精品的少之又少。

跑步俑

高：30cm

作者收藏

陶俑的品级标准是精细、传神和人文精神，一个高品级的精品俑，抵得上一大堆标准化的“棍俑”（没有动作的立状俑）。

舞兮·乐兮

（一）

秋日，一缕午后的阳光，透过窗棂，洒满了案几，深绿碧玉的香炉中，一束轻烟穿过阳光笔直地升着，在高处飞散成烟花，没有任何打扰，屋中隐隐地散开了一层层淡蓝的烟层，茄楠香的香气浸进每个角落，香的淡淡，却又香的无孔不入，大香似无香。一盆兰草，几支碧绿，一叶一蕾，怜怜地伴着午后的斜阳；几册曲谱，斜卷着，倚在斑驳的石砚旁，温暖、典雅，洇蕴出些许酣醉、倦怠和愁意……

主人公是朝中最为著名的音乐舞蹈的首席大乐师，即宫中的“黄门工倡”的主持。他主持和研究音乐的宫商角徵羽与舞蹈已经快穷其一生了。

这应该是历史上的两汉时期，今天我们回忆汉代，似乎是一个遥不可及的时代，古老的非常简陋，这可大错特错了。汉代的知识分子、艺术家的生活，内心的独立、性格的清高、人品的高尚、生活的闲适，其实是我们今天无法比拟的。数不清的文人、雅士、百工、倡优，用各种艺术品种将高贵和大气演绎得淋漓尽致，美仑美奂。如果单从音乐与舞蹈说，两汉时期的舞蹈表演艺术是一个迄今无法超越的高峰，虽然厚重的岁月将他们深深地掩埋，但假设有一天这些艺术穿越时空，展现在我们面前时，定会使我们为之目瞪口呆。

秋日，阳光，香气，静谧的午后。大乐师依然沉浸在刚刚完成的一部庞大而精美的音乐舞蹈大剧中。这部以《广陵散》为主题曲的大型舞剧，将动用上千人的舞队，几百人的乐队，相当空前的规模和精彩，将《广陵散》这千古名曲演绎到极致。今天，大师准备亲自将这几卷中心曲谱送入宫中，指挥乐者排练。

这时，门吏来报："五郎求见。"

大乐师说："快请。"

随即，一位英俊文雅，身材高挑的年轻人快步走到堂前，对大师深深一礼："老师，曲谱完成了吗？"

大乐师并不答话，站起身来伸出左臂，做了个前伸的动作，五郎会意，马上站了起来，抽出随身带的笛子，师徒俩环绕着大厅，由缓而急，踩着曲点，优雅地跳了起来。跳的兴起，大乐师不断地鼓着嘴发出一声声清啸，而五郎的悠扬笛声中又加入了快拍的踩步。笛声、啸声、踩步声、衣衫的飘动声，这对儿师徒完全沉浸在了以舞传意，以舞对语，以舞相会的意境中。

据史载，汉代的舞蹈十分普及，其中流传于上层的有一种礼仪性舞蹈，称为"以舞相属"。在各种公开场合或宴会中，主人先舞，后邀客人入舞，是一种流行于高层文人雅士间的交流方式，亦称交谊舞，如客人不应舞，则是对主人的不敬和侮辱。

舞毕，大乐师并不说话，微笑伫立。

五郎弯腰施礼，告辞而去。

一切都在不言中。

随后，大乐师沐浴，更衣。其间，随从已备好车驾，大乐师轻步离去。

纷乱的轻烟，又复笔直；颤动摇曳的兰草渐趋平静。一切如常，香气、寂静、懒懒的斜阳……

（二）

自公元前202年，刘邦打下天下，西、东两汉，长安到洛阳，刘姓王朝坐了四百年的天下。从鸿门宴项庄舞剑始，音乐和舞蹈就成为有汉一朝至高的艺术。不论皇族官吏，文人雅士，平民百姓，都养成了一种好舞、好乐的风气。音乐与舞蹈是举国上下不可或缺的精神生活。以琴为语，以舞传意，成为当时人们的艺术追求。连文化不高的汉高祖刘邦还曾以舞歌《大风》的“大风起兮云飞扬，威加海内兮归故乡，安得猛士兮守四方”而流传至今。

当时上至皇宫、王府、达官贵人，下到一方富贾、地主、名士，都蓄养着或大或小、或多或少的乐队和舞人。每年由宫中礼乐司、黄门工倡共同组织的大型音乐舞蹈会试，曾是汉代重要的政治文化大典。其影响之大，涉及之广，套用现在的话说“怎么估计都不过分”。有物为证：考古证明，在两汉墓穴的考古挖掘出土器物中，最大类的是数量巨大的陶俑，而陶俑中涉及音乐、舞蹈的俑占有很大的比重。试想，如果当时人们不把欣赏音乐舞蹈推崇到无上高度，又怎么会在死后仍恋恋不舍，相伴相随呢?

众多的汉代乐队俑、舞蹈俑、百戏俑会告诉我们。

我们还是回到汉代。

洛阳皇宫中央，建有一座高六丈，三层围栏的大型汉白玉的舞台，自从秦始皇在咸阳搭建了豪华巨大的阿房宫之后，这种大型的用于典礼的精美建筑就一直没有停建过。这个在当时亦或在今天看来都宏伟之极的舞台，此时就更加五彩缤纷了。每年一度的音乐、歌舞会试将在这里举行。

乐队俑

汉代

高：22cm，共计16个

作者收藏

各色旗帜在秋风中猎猎作响。各王府、州、郡的乐队、舞人队都已齐聚首都。他们将用最高水平的舞蹈和音乐去展现自己，最后获胜者将得到“天地之舞”的最高称号。

这些当时职业的乐人和舞人们为此次的比赛已经准备了很长的时间。而那些各王府、州、郡、县及豪门大吏更是一掷千金，不惜血本，置办服装、乐器。即将会试前，参赛队根据宫中司乐礼的大乐师的安排都在台边上围起了换装、化妆、休息的布幔，就是这些布幔也成了各大王爷、将军、刺史的斗富工具。一时间，花团锦簇、五彩缤纷。各色装点华丽的幔帐像一团团五彩的云，绕围着白色的舞台。

大戏即将开始。

（三）

柳儿和五郎是洛阳城西水庄人。伊、洛两水将位于中原的洛阳城浸润的满城绿色，即便到了深秋，也仍然碧色环城。

自67年汉明帝在这里修建了白马寺之后，洛阳的城西就越发繁荣起来。柳儿和五郎都生长在艺人的家庭中，两人自小耳濡目染，与生俱来的艺术灵感使他们很小就黯熟了各种器乐和各类舞蹈的技巧。

如今，他们都已长大。五郎玉树临风，柳儿美艳动人。两家三辈子的交情，自不互相避讳。于是在长辈的撮合下，两人成了乐舞的搭档。

在这有一个疑问和一个说明：

首先，疑问是：我曾查阅过许多汉陶俑和汉画像石中有关舞者、乐者的学术论文。专家们认为，汉代的倡优（即舞、乐者）社会地位低下，与奴隶相当，但我对此始终抱有疑问，如果一个形同奴隶的人，其在用乐、用舞去表达心情时，会是一个什么样的艺术结果？根据汉代乐、舞、百戏俑表演的神情、动作的夸张及极具情绪化的舞蹈动作分析，汉代如果没有留给舞者充分表现的空间，如果舞者没有自由的想象和奔放的激情，无论如何也不会有让观众为之倾倒，如痴如醉的表演。为此，我推测，这种认为汉代舞、乐者地位不如奴隶之说，应是后代文人的一种偏见。

其次，说明很简单：在舞蹈中，其难易程度和人数多少成反比。即人数越少越难（地球人都知道）。

那位大乐师是在一次偶然中发现了柳儿和五郎的音乐舞蹈天赋的。两年前的春天，大师去白马寺上香回城，在一片柳树林边，突然听到了隐隐传来的笛声。这笛声悠

女舞俑的风情

元代

高：30cm，共计7个

作者收藏

汉乐舞杂技俑

汉

高：6–17cm，共计18个

作者收藏

悠扬扬，大乐师停马细听，脸色由平淡而凝重。他急忙下马，拨开柳枝，看到河边一块平地上，一男一女正忘情地乐舞，男的一支长笛，女的宽裙长袖，伴随着飘飞的柳枝，尽情地跳着。

大乐师呆住了。他入宫30年，研究了一辈子的曲谱、宫调、舞蹈，调教了无数舞人、乐者，可以说在舞、乐上，能使他入耳、入眼的已很少了，但今天，他真是惊奇了。男的一支竹笛，其声甚是特殊，婉转飘逸，除却用笛的精妙外，一种侵人心胸的韵味被拿捏的极为不凡，这是能吹动人心的一支笛子；而女舞者，在笛声中，袖飞裙舞，一招一式，举手投足之间，尽情挥散出一种典雅、清新，充满活力的美感，她能舞的人心摇动。这对儿被大乐师疑为天人的乐舞伴侣，成就了大乐师一生的追求。

大乐师在此留住了三天，柳儿和五郎也就成了他的关门弟子。为了让自己的传世曲目能尽快完成，大乐师以在白马寺上香为名，经常秘密地与五郎、柳儿排练那惊世骇俗的心血之作。

（四）

每年风云际会的舞蹈音乐会试，自然也充满了权力之争的杀机。

黑陶俑

战国

高：3-6cm

故宫博物院藏

按当时的政治格局，吴王的势力最大，掌管吴、楚富庶之地，握有重兵，早就不把中央政府放在心上，造反只是时间问题。而另一派能与之抗衡的是皇后为首的外戚集团，这个集团上至皇后、将军，下至州、郡，当然也有宦官们的支持，盘根错节。汉代自吕后始，皇后想干预朝政的野心就一直没断过。

这音乐舞蹈的大会试自然是这两派激烈较量的场合。

随着三声大鼓，吴王的舞蹈乐队开始上台了。这组乐舞分了三个部分：楚舞、兵舞、百戏舞。楚人近巫好舞，有一队舞人腰围艾叶，手脚缚响铃，赤身，并在身上画上黑红相间的花纹，上百人在牛皮鼓声中跳跃、翻腾。楚人之舞，来源于祭祀，而楚地这种民间舞又为汉代而至后来的汉民族舞蹈提供了源泉。

楚舞在最后的鬼舞中结束了，接下来是兵舞。其实兵舞并非在舞蹈中有多高的地位，无非是艺术化的操练而已。将缩小了的阵队整齐化之后，不断变换队型，虽然大气磅礴，但略显粗糙。吴王醉翁之意不在酒，而是借兵舞展示其军威，给皇帝、皇后乃至百官们一个警告。

最后是百戏舞。这是汉代男子舞中最为奇特，也最为优秀的舞种。这种舞集杂技、魔术（幻术）、马戏、武术于一体，只见不停有各种演员上台，一会西域旋舞，一会翻腾、单手倒立、双手倒立、叠案、踏球、踏鼓、吹火，整个舞蹈惊险、复杂，出神入化，引得台下掌声如雷。

吴王将琥珀色的西域葡萄酒在波斯水晶杯中晃了晃，得意地笑了，一口饮入，让甜甜的香气一直流到心里。

大鼓再次响起。

太后的乐舞队上台了，五百人，一个惊人的超大型舞队。

舞者全部红色长袍，黑色高帽，外罩轻纱罩袍，光这身衣服，银子就花大发了，当时一件长袍可以让一家普通百姓活上三年。这大型舞阵动起来，煞是惊人。一会儿聚合，一会儿星散，如行云，如流水，如云飞雾起，如雪涌冰结，大开大合，气势逼人。而乐队更是庞大，鼓、竽、瑟、箫、钟、埙、磬等无一不全，特别是几十位壮汉瞬间将三排金黄色闪闪发亮的编钟立于台上。这种编钟由五人打击，声音沉厚，肃穆大气，加上太后的舞乐队纯宫廷风格的表演，中规中矩，每个动作都有出处，每个乐曲都是典籍，按今天的说法是纯学院派的。

虽然这些舞者舞姿典雅，动作高贵，但从最后的掌声中可以听出，吴王的表演今天占了上风。

太后沉着脸，一言不发。

大乐师站起身来，向各位贵宾施礼，说今天有两位民间艺人也想上台表演。话还没说完，吴王府的礼司官大声说："不行，哪里有这等规矩。"大乐师刚要说话，却听太后慢慢地从嘴角挤出一句："我看可以看一看嘛。"

众人无语。

大乐师释然地笑了。

笛声悄然响起，缓缓地在低音区行走，然后突然像长唳冲天的鹰般地拔起了亮音，随着这裂帛之声，忽地，一团白色似横空一鹤，素翅盘旋般的飞进了场内，接着一串串快如风的旋转，待人们定下神来，只见台上立着一位美

唐代女乐舞俑

故宫博物院藏

丽女子，翦翦秋水般的双眸，仪态万方。地上不知何时放上了七只金黄色的铜盘，一阵急促的鼓声传来，人们惊奇地发现，大乐师和五郎都立于台侧，一人吹笛，一人击鼓。

汉代舞蹈，女人舞中最难莫过于单人舞，单人舞中又以长袖长裙舞为最难，而长袖舞中又以袖子长度为衡量舞者水平的标准，因为舞者要让绸子长袖艺术地飞舞和展开，是要有很强的控制能力，能让长袖在舞中不乱、不缠已是很难，如能使长袖随身舞动出各种花样，更是难上加难。

柳儿的长袖舞将在七只铜盘上完成，真可谓惊天地，泣鬼神。

柳儿的长袖约一丈，史无前例。

柳儿要从舞蹈开始就在七只铜盘上不停地跳跃，同时要配合笛、鼓的旋律，将铜盘踩出响亮的节拍来。

翻转身躯，摆动细腰，随着从一只铜盘跳到另一只铜盘发出的清脆声中，两支长袖竟像突然注入了气流般地飞了起来。待其势未衰之时，忽又软如飘絮，一支前飞，一支上扬，长袖在不停的翻飞中，挽起了一个又一个花团。白色长裙，像团团碎云，绵绵无止，水波涟涟。有人惊呼到，这是“踽步”，众人不由一惊。“踽步”是汉成帝时赵飞燕独有的高超舞技，赵飞燕身轻如燕，会走“踽步”，可在壮汉掌上行舞，而赵飞燕后无人再会。今天，柳儿在七只铜盘之上，象一团白色的精灵不停地飞跃、盘旋，明眸流波，神韵曼妙。人们一会儿屏住呼吸看她长袖翻飞，一会儿又呼吸急促地看着她飞速从一盘到另一盘的旋转跳跃。

舞之灵魂，如天上白云或聚或散，成千百形自幻化出万千奇妙。而鼓声、笛声伴着雷电风雨，四季交替。

这是天地之舞，是灵魂之舞。

当笛声、鼓声从急到缓时，柳儿象收拢的花蕾般地站到了台中。

步摇微颤，吐气如兰。

曲终人杳，全场无声。突地掌声如雷，带着激动的泪。

场边原本面无表情的近卫御林军上千士兵亦一齐用长矛杆墩地，发出有节奏的咚咚声，以示敬意。

空前绝后的一舞。

（五）

还是午后的斜阳，笔直上升的青烟，不知何时，兰花已经悄悄地开了，骄傲而美丽。几十册用绸锦写成画成的曲谱和舞蹈动作，被大乐师精心地集合成册。特别是柳儿和五郎的惊世之舞，被推为汉代最高的舞蹈，谓之“天地之舞”。

自此，汉声、汉乐、长袖、长裙的舞蹈，千百年流传不衰。

然而，这位大师用心而集成，柳儿和五郎用生命完成的舞蹈却在上千年的流传中，失去了踪影，是毁于战火，亦或伴着大师下葬，今都已不可知。但自此，我们汉代的祖先们，在“事死如事生”的精神信仰下，将生前朝思暮想，给他们带来无比快乐的乐队、舞蹈、百戏，让工匠做成一组组优美的陶俑，放入墓中，他们深信，在短暂的人间生活结束之后，这些陶俑将伴着他们在另外的世界飞旋、跳跃，给他们带来永远的快乐……

百戏俑

1957年，四川成都天回山东汉墓中出土了击鼓说唱俑，俑高55厘米，其雕塑造型水平之高，将说唱、杂技俑推向了高潮。

1963年，四川郫县宋家村东汉墓中出土了通高66.5厘米的说唱俑，上身赤裸，身体扭动，右手击鼓，舔舌状表情。

1965年，河南洛阳烧沟汉墓出土了高15.9厘米的杂技俑，头向右偏，下巴夸张，微蹲，栩栩如生。

1969年，山东省济南无影山一号汉墓出土了一组令世人惊奇的乐舞杂技百戏俑，俑高22厘米，共22个（出土时缺一个），其中，舞女2人，耍杂技者4人，奏乐者8人，观赏的主人和客人7人，整个陶俑立在一个长67.5厘米、宽47.5厘米的陶盘内。

这些出土的百戏、杂技、乐舞俑都有一个特点，艺术水平极高。据史料记载，杂技传入我国，大约在汉代前后，由于强烈惊险的艺术效果，很快就在中原传播开来，而且其服装、乐器、表演方式、舞台都迅速中原化。当时的城镇经常会有一些杂技百戏的演出班子，不论豪门、百姓，都喜闻乐见，这也是为什么百戏杂技俑不论在什么地方出土，其雕塑水平都极高的原因，因为它们在当时太普及了。我收藏有成套的百戏俑，也有分批从不同地区收集到一起的百戏俑。我非常喜欢这类百戏俑，这种民风扑面的艺术，使你会忘记时光，被它们感染的激动不已。在收藏这类百戏俑中，收藏的一套极小的百戏俑过程挺有意思，曾写过专文，现再抄来一哂。

在上世纪90年代末，一个冬天的夜晚，朋友打电话说有一些俑问我要不要，当天正好闲着无事，就赶到了旅馆。几个关中汉子正在和北京的几位古玩商交换青铜器和玉器，听说我看陶器，顺手从床下拉出一个纸箱，说：你自己拿着看吧。我心想在这种情况下，他们会将注意力放在值钱的青铜器和玉器上，对陶器不会在意。但很可惜，打开纸箱一看，只有断腿的汉马和几个品相一般的喇叭裙女俑，东西太一般了，我有些遗憾，用手拨开包裹的棉纸，忽然一包用卫生纸包着的盘状的东西露了出来。我撕开包装的卫生纸卷，见用塑料膜包着一陶盘，里面似乎有些小人状的东西，盘内有很鲜红的朱砂，直觉告诉我这东西一定不凡。收藏陶器玩的就是奇和绝，玩陶俑的规律是开始时买大的，玩的年头多了就玩小的了。一些小型陶俑如果雕塑传神，手捏而非模制（因为手捏只能有一套不可能成批生产，而模制会有大量相同的出现）是收藏中极难遇到的。

我想了想，向正在忙着交换铜器、玉器的人说，“这陶马我要”。他们看了纸箱一眼问：“都要？”“破的烂的一枪打”，我回答。“要就快拿走”，他头也不回地说。要是这几匹残的汉马，让我要我都没心气儿，但我脑子里一直想着这神秘的陶盘，所以将纸箱用绳拴好，拎出了旅馆。

开车回家的路上，我忽然觉得自己是不是太自信了，东西没有

陶盘百戏俑

高：小俑3–4.5cm，共计7个

作者收藏

打开看就拿走了，如果陶盘中只是几个土块儿，那不成笑话了。但事已如此，只有硬着头皮回到了家。

到家第一件事，打开纸箱将几匹残马扔到一边，将这一陶盘取出，慢慢打开缠裹的卫生纸条，最后撕开塑料膜。我的心跳了起来，在不大的陶盘中有七个不同姿势的杂技小俑，手工捏制，形态跃动，离奇，夸张，有坐有躺，有伏地而舞的，是一组极为罕见的微型汉代百戏俑，装在一个陶盘里，我姑且称其为陶盘百戏俑。我知道，我捡了个大漏。七个小俑最高的不过3—4厘米，比小手指头还小。这类小俑出土时如没有容器，很难发现，更别说成套了。俑的造型取大势而忽略对脸部的细画，可以看出当时的工匠有极高的造型能力，在动感中塑造人的功力，让今天的雕塑家汗颜。

第二天，朋友一大早来电话问昨天箱子里是否有一盘小俑，我答有，朋友说几位陕西人说将一套准备送往广东的陶俑错放在了这个箱中，漏了货。当然，最后这组百戏俑还是被我收藏了。

陶盘一个，各种杂耍小俑七只，汉代陶俑中的精品，极为罕见，极其珍贵，特记之。

乱世遗韵

（一）

大同州西30里武周山中，有一山村名为云冈村，村旁有不高的石山，山虽高不过10丈，但很长，东西横亘数里，似一卧蚕。山中石壁光细如脂，且刀削斧砍般的平滑光坦。

山中久无人烟，年复一年的落叶败草已将上山的小路铺的极难辨识了。深秋时分，一群人上了山，这些人的到来使这只有鸟声，绝少人迹的山中热闹了起来。来的人叫昙曜，他为后来最著名石雕艺术之一——云冈石窟的诞生居功至重。

424年，大魏太武帝登基，北魏是鲜卑族拓跋氏建立的政权，以游牧为主，亦作农耕，善骑射。其发端于古老的匈奴民族，是一个在中国古代民族同化中起了很大作用的民族。

太武帝原是一位信佛教的皇帝，鲜卑族的文化主要是汉文化的演变，在北魏历朝皇帝的推崇下，佛教一直是北魏的国教，到了太武帝时，佛教的寺庙已经在北魏故城平城或西安、洛阳等地如雨后春笋般地盖了起来。有些佛教的大寺十分宏大，光是庙中沙弥就达万人。不少佛教高僧出入皇宫，甚至议论朝政，一时间，佛教徒众多，官员、兵士、百姓更是从佛如流。

（二）

四月八日，北魏首都平城（今山西大同）城内张灯结彩，平城共建有八门，这座繁荣之城是拓跋氏几代人努力的结果。所有街道上都挂上了彩绸，沿街的店铺粉饰一新，黄土铺路，净水扫街，人们将存的米、面、肉食都做成菜肴，用最好的器具盛放，在自己家门口设一供桌，将这些供品摆好，然后换上干净的衣服，用松枝蘸水，点在头上、身上，等待着激动的一刻。

这一天，大魏国各寺院将进行佛教大游行。

这是一个极隆重、极重要的日子。

正午时分，随着城中央的鼓楼大钟鸣响，每家每户都跪于街旁，沿街的各样供桌看不见头，一字排开，各户开始燃香，一时，全城香烟飘起，弥漫天际。

由广宁、广善、古阳、慧成等大寺引领，众佛徒用大型的整木搭架，抬出高三丈的木雕或泥塑的佛、菩萨、力士，外罩丝绸、袈裟，金碧辉煌，旌旗、佛幡、仪仗、经幢、贴金的法像、各色的法乐器，在中午的阳光下闪烁着天国的五彩祥光。队伍绵延十几里，从城东排到城西，百姓一边叩头一边将心愿、心思、祝愿词一并念叨着，不停地将燃尽的香换上新香。

武帝也率百官，在城中央的鼓楼上设祭坛，随着一字排开的大佛，从鼓楼旁缓缓走过后，游行的队伍出西门向当时最大的广宁寺走去。全城百姓蜂拥着，像潮水般地跟着佛的队伍，整个平城从东到西象流动的水，十几万居民不长时间就出了城，在广宁寺的周围聆听广宁首座宣经讲佛。

当武帝感觉有些冷清的时候，鼓楼周围已经没有人了，百姓都去朝佛，百官中有些胆大的也悄悄地请了假去听宣教了。武帝的眉头皱了起来，他心中忽然生起了一丝复杂的感觉。他环顾四周，百官们似乎也感觉到了这种尴尬。司徒崔浩拨开众人跪在武帝面前，大声奏道："天下之首，应唯国君为是，岂可以说教而乱国道。此惑视听、愚民众之邪说，不可助长。"

武帝面部没有表情，拂袖竟自一人从鼓楼上走下，慌得后面的卫士、仪仗跑步才能跟上。

正是这次佛教的大游行引来了一场空前的血光浩劫。

（三）

太武帝太平真君五年，平城及全国各大城市的佛教寺庙都冒出了冲天的黑烟，一场全国范围的灭佛活动，在武帝及崔浩的推动下开展起来。武帝下诏"王公以至庶人，家有私养沙门、师巫及金银巧匠者，限期逐出，否则沙门、师巫死，主人门诛。"无数精美绝伦的石雕佛像、泥塑、菩萨都被尽数砸毁，一些佛教徒在慌乱中将一些可搬动的中小型佛像埋在了寺院的周围（一千多年后出土的震惊世界的山东青州石佛就是这类遗存）。

铠甲持盾武士俑

西晋，灰陶模制

高：40cm

作者收藏

烧寺庙、砸佛像，人们一夜之间似乎都变的疯狂了，有些佛教徒也马上变节，更加出力地指领眼红的人们烧庙，争抢庙内的财宝，一时间，遍地都是被杀的和尚。

当时的雕刻工匠也是被追杀的对象，因为他们是仅次于和尚的罪恶之人。

昙曜就是这种要不停逃跑的人。

昙曜是当时平城最具声望的石雕高手，昙曜早年入寺庙从佛，后跟随师傅——一位专门从事佛教造像制作的沙门工匠，到塞外敦煌为事主雕塑制作洞窟佛像，后在武帝初年，京城寺庙扩建，急需一批制佛高手时，到了京城，当时京城主要大寺中的佛像都是出自他之手。

昙曜在这次灭佛的过程中，逃到了西域，侥幸躲过了这一劫。

452年，太武帝被弑，文成帝继位，诏复佛法，广召天下能工，修复庙宇，再造佛陀，文成帝特召昙曜入京，在京城附近开凿佛崖，以示敬佛之心，于是就有了这批人上云冈山的故事。

（四）

“京城西武周塞，凿山石壁，开窟五六个，镌建佛像各一，高者七十尺，次六十尺，雕饰奇伟，冠于一世。”

南北朝军士俑

南北朝时期

作者收藏

驮物驴俑

南北朝时期
长：19cm
作者收藏

（梁思成《中国雕塑史》）

此时正是陶俑雕塑中从两汉到唐之间的一个重要过渡阶段。两汉的陶俑在秦的大型、恢宏、逼真的基础上，突然一个转身，表现了简洁、抽象、小型化的特点，并由此开创了中国雕塑中墓葬雕塑的新高度；而到了南北朝时期，由于佛教造像的变化，特别是受印度犍陀罗造型的影响，加之北朝大规模的灭佛运动，都给中国雕塑带来了新的变化，而陶俑更是如此，比起寺庙大型石雕，陶俑的变化更加容易也更加普及。南北朝时期，北朝的北魏、东魏、西魏、北齐、北周各代都有大量的陶俑出土，风格有别于汉代，又影响了隋唐，使汉代陶俑所表现出的汉文化特性或带有楚文化特性的雕塑变为西域和中土的雕塑结合，这也为大唐陶俑的华丽精彩打下了基础。

继云冈之后，又随着北魏文帝拓跋宏迁都洛阳后，在洛阳南30里地的伊阙，开凿了规模更大的石窟，这就是中国极具名气的龙门石窟。

（五）

昙曜在云冈山上亲手打造了“雕饰奇伟，冠于一世”的结跏趺坐的大佛，并在随后又亲自制作了当时文帝入葬时的大规模陶俑。南北朝时期，北朝自北魏始，开凿了云岗、龙门的大规模石窟，虽然这些举国工程劳民伤财，但也涌现出了一大批雕塑高手。这些古代大师级工匠在对敦煌、云岗、龙门、巩县、历城等石雕、泥塑的创造中，将外来的犍陀罗风格和本土化进行了融合，造就了我国雕塑史上一个高峰。由于雕塑的普及和随雕塑作品而引申发展的美学雕塑理论，使南北朝的陶俑在这片适应的环境下迅速发展起来，虽然南北朝政权时间短，建立政权的均非汉人，但陶俑一直不断的发展着，并突显和形成了独特风格的南北朝陶俑体系。上世纪80年代以来，在黄河流域中，南北朝时期的陶俑大量出土，数量很大，其中最为精彩的是兵士、牛、马、镇墓兽。北魏时期的马，与其他时代有着鲜明的不同，整体用铁条架构，再模压成型，在马的身上大量出现多重的装饰物，虽然马的神态比不上唐马，但身上繁复的装饰却为历史上仅有。

洛阳永宁寺近年出土的陶俑，精美程度之高，手法之娴熟，使北朝陶俑给人以新的认识。

北朝陶俑最先出现了镇墓兽中一个人面一个兽面的制式；最先出现了甲骑具装的骑兵；最先出现了明光铠；最先出现了风帽俑的鲜卑族服装等等，而且出土的数量也很惊人，仅东魏茹茹公主墓就出土了陶俑1500余件。

（六）

南北朝时期，是中国大规模多民族的融合期，历史的长河到这里变得五光十色而又波涛汹涌。南北朝按历史时期划分，应是三国（魏、蜀、吴）、两晋（西晋、东晋）、南朝（宋、齐、梁、陈）、北朝（北魏、东魏、西魏、北齐、北周），从220年曹丕代汉到589年，隋灭陈统一全国，经历369年，将近四个世纪。

北朝的陶俑出土比南朝多，而北朝中又以执政时期最长的北魏为最多，北魏从386年到543年，共存在157年，共有15个帝王，其中病死的4帝；国亡而奔逃毒杀的1帝；内乱中被杀的4帝；被沉杀的1帝；被毒杀的3帝；被废黜后后事不明的1帝；被绞杀的1帝。

统治者尚且如此，何况平民乎。

承载着这段离奇诡异、腥风血雨的特殊时代的陶俑，会更多地见证着无端的杀戮，阴谋的暗害和生命被血腥地剥夺；它们会在墓主人痛苦的叹息声中被埋入地下，而当时的陶俑制造者会投入更多的心情和理想去营造来世的平安，南北朝时期的陶俑就负载了更多的苦尽甜来的憧憬。于是，南北朝的陶俑才会更加的深沉和更加的难得。

官惑

一个官字，可能就是文人的一生。求官之艰辛，做官之不易，丢官之沮丧……

一天外出，连碰上两位老者，都是刚退休的领导。一位推着孙辈，一脸幸福；一位提着菜蔬，仍然辛苦。这两位可都是过去经常上主席台的主儿，昨日的威风八面，到今日的蹒跚背影，看的有些怅然。

在内地，做官能做到经常上主席台，座次不断向中间挪动的，才有了威势。

多乘官轿，鱼贯而来，自有人拉轿门，搭门边，前呼后拥，欢迎者趋前或跪或揖或握手，按官阶大小，依次行进，万不可错位。然后视察、讲话，虽稿子是幕僚所为，但看着台下人们低头速记，并不时跟着讲话的频率而点头，一脸的虔诚，连自己也觉得重要非常，于是越发精神抖擞，嗓音几个时辰，圆润依然。待到晚间酒席宴上，众人送着媚眼儿，觍着笑脸儿，全凭你在那指点江山，激扬风采，灯红酒绿处，心中油然而生一种豪气，此为官之乐也。

其实，历史上史官们着墨最多的除皇帝外，恐怕都是大官。其中又以拜相者为最。姜子牙为相封了众神；苏秦、张仪挂着多国相印，满世界跑，像今天的经纪人；蔺相如舍命和氏璧，诸葛亮泣血出师表。秦桧的奸、严嵩的滑、和珅的贪。历史因为他们而有滋有味。

绿釉文官俑（一对）

唐代

高：35cm

作者收藏

天下文人最高追求是做官，生为官而生，死为官而死。凡退隐山林，不愿做官的，要么是拿一把而矫情的；要么嫌官小、差事不肥而撒泼的。会不会当官，特别是当好大官，悟性之深，手法之隐晦，不为官者绝难揣测。自来写官场的都是没做过大官的酸文人，而真正黯熟官场之玄妙的大官们自己，却一边闭目养神，时不时窃笑两声。

当然，做官也要面对极高的风险。历史上凡大官多命运多舛。抄家、车裂、凌迟、腰斩、弃市、株连、双规、判刑、枪毙，这些词听着就够吓人的了，官场之舞，腥风血雨，不说也罢。

梦里寻官千百度，蓦然回首，它在灯火阑珊处。

我有许多高干大官的朋友，但非人类，而是陶俑——文官俑。

在出土的陶俑中，隋唐时期的文官俑最为普遍，数量也最多。然而，相对而言，精彩的不多。不像将军俑能力拔五岳，脚踏神牛，或骑马奔突或持矛立盾，激情飞扬。可以想象，雕塑将军俑的人当场肯定是眉飞色舞，手舞足蹈，似神相附，作品自然精彩非凡。而文官俑则不同，自隋唐到明清，上千年下来，大多只一个姿势，双手前拱，低眉敛目，绝少张扬。

在陶俑市场中，文官俑的价格只是天王俑的一半，甚至更低。武将以死博身家，文官以嘴哄皇上，故历史上文官们也不太值钱。

当然，这是过激化的言词，历史上一些以死相谏，以死殉国，以死博千古英名的文官们自也流芳青史。

黄河流域的北方几省，特别是过去的古都，出土了不少的文官俑。大墓、官墓中出土文官俑都是充当仪仗和卤簿的功能，用今天的话说就是“跟包”的，陪同的。但据我知道，一些很小的墓中却时不时、冷不丁地出了几对儿又大又漂亮的文官、天王俑，让人奇怪。小墓出大俑，倒成了陕、豫两地常见的一种怪现象。

隋唐开始，官员们的随葬品按级别有了规定，几品官，随葬之俑多大尺寸，多少个文官、将军俑都有了规定。反腐倡廉，古即有之。当时俑的造价很贵，一阴宅的陶俑得花不少银两。按现今的说法，为节省计，官员死后，随葬几个下级围着，端茶倒水不就行了吗。

事情并非这么简单。

大官想保住官位，小官儿想当大官，没当过官的想当个官，于是就有了来世今生的官梦。

一些小官，偷偷的埋入一群自己的上级，让这些生前颐指气使，吹胡子瞪眼，让自己受尽羞辱的可恶上级，死后成为自己随意驱使的俑吏，岂不求个另外世界中的快活。

而平民想法就简单了许多，每日里看见官儿们光鲜地出入府衙，前有仪仗，后有保镖，威风八面，光宗耀祖，自有十二分的口馋。无奈生前虽小有资产，但一生布衣，于是死后多埋几个官从，在阴间过过官瘾。

反正，不犯大罪，不会挖墓掘尸，僭越违规，只要没有仇人举报，活着的监察人员，自也不会和死去的人较劲。

文官俑的收藏，有动作的为珍，无动作的看脸相。反正此类俑出土量最大，流落到民间最多，大的如真人，小的如拇指。你逛古玩城，大多古玩店中，都有这么几位爷，低眉顺目地立在那儿，排除赝品，您尽管挑就是了。

至于文官俑真正的价值——脸像，我们另文再谈。

文革初期，批《海瑞罢官》，因为年龄尚小，只知道海瑞是位清官，看着大人们批的很是带劲，实在忍不住了，问了一句，清

三彩文官俑

唐代

高：87cm

作者收藏

官难道不是好人？引来一阵禁喝。后来看报纸上讲海瑞最大的毒害正是因为他是清官，更蒙上了一头雾水，百思不解，搞不清干脆就不想了，人云亦云，跟着别人说吧。过去，有很多事，是讲不清的，人们都懒得思考，讲不清反倒更好。以至于郑板桥的“难得糊涂”四字被制成各种印刷品而挂满了国人的厅、堂、馆、驿。

清官情结，是中国人民挥之不去的念想儿，文学家、史学家、说书唱曲的，都会把清官作为绝好的题材。诸葛亮、狄仁杰、包拯、海瑞等等，整个汉文化的小说、戏剧、词曲中，都有大量的清官的描写。至于史学界，更是对清官于历史是进步的还是退步的争论了很久。这是个政治问题，与我自无关系，但收藏陶俑，清官就多了，不研究清官不行。

我另文讲过，陶俑中，文官俑最多，大的高1米多，小的不过盈指。手捏的、模具的、组合的、上下分层烧的，单模的、三彩的、单色釉的，种类很多。虽姿势单一，但脸相并不单一。如果仔细揣摩，有年轻有为的，有老成持重的，有文雅的、俊朗的、甜美的，也有憨厚的、呆傻的等等。由于文官俑的需求量历代都很大，自然也就分了层次，大师级的作品，工匠级的作品，学徒小工或乡村的土师傅的作品，差别很大。

陶俑是黏土澄清后压模塑成后烧制的，因为需求量大，现考证，当时定制陶俑多是请工匠到墓地附近，就地制造，烘烧，有柴有煤，围个馒头窑即可。好坏就看请的陶工师傅了，好的师傅，做出的文官们风姿俊朗，刀法流利，工艺考究，价钱不菲。有些请不起的只好召一些泥瓦匠对付着干了，于是，文官成了傻官儿、丑官儿、呆官儿。我们在收藏中，也经常见一些文官俑，虽然皮壳十分开门，但开脸手法，五官比例，你定睛一看，能让你笑喷了。丑不怕，亦或可爱，唯有想作美，而又无此本事，拼着全身的力气，一通撮弄，反倒整成了挤眉弄眼，非美非丑之俑了，这就是找乐了。

文官俑的价格衡量标准，今古一样，脸要漂亮、大气、威严，也就是说必须是清官脸相，其实，清官和长得丑、俊无关，但百姓不干，清官大老爷必定是相貌堂堂的。古代从上到下都极讲面相，入仕者如不长的相貌堂堂，为官之路肯定艰难，以貌取人，古代更甚。在文官俑中，个头越大，相貌越美。因为，个大的文官俑在古代也是奇贵的，当然是大师、老师傅的作品了。

中国的百姓盼望清官，盼望有爱民的、为民做主的官

文官俑

唐代

高：100cm

作者收藏

到自己的地方掌权。然而真正统计一下，中国历代的官儿们，估计清官肯定少之又少，不然，也成不了百姓翘首而盼的一份心思。

生时没遇上清官，死后一定要傍上清官。生时的地方官、父母官是不是清官，百姓无权任命，只凭命，像抓彩儿、摇号，碰上清官，几辈子的幸事，碰不上，只能忍，忍了一届又一届。而做陶的文官俑就方便了许多，只管花银子请陶工，言明必须是清官陪葬，不然不付银子。至于官员们入葬，自然也愿随从都是清官形象。形象工程，于官道中至重也。

几千年下来，百姓心目中的好官、清官，都变成文官俑，一代代地埋入地下，形成了极特殊的文官形象工程，千百万人对官的心理标准、情感期盼，也随形附意地使文官俑，这最普通的常见陶俑，变得并不普通和极具深意了。万众民心，千年民意，沉沉的历史担当，重的让人不敢深想。

文官俑收藏顶级的是有动作的文官俑，或制作特别的，如胡人文官俑、长髯文官俑、女文官俑等。我收藏的一对唐绿釉文官俑，就沾了个奇字。唐俑除三彩外，挂绿色釉的不多，单片模的更是少见；而胡貌狮鼻武官脸相，又着文官袍子的就更少见了。

一般文官俑收藏，不论三彩，或红、灰陶的，尽可能收藏尺寸大的，开脸俊美，特别是五官必须清晰。虽然，我不太相信烧俑有官、民之分，但品级高低的差异，于收藏价值至关重要。

收藏文官俑，有多位或年轻或老成的清官相陪，倒是惬意。

中国人爱说祖宗的事，因为祖宗曾阔过。

两汉，一直到隋唐，神秘而富庶的东方，曾吸引着欧洲、美洲、阿拉伯大陆上的人们。当时除西亚外，许多欧洲人越过帕米尔高原，沿古丝绸之路到东方。隋、唐两朝，有许多胡人成为朝廷的高官、将军。头几年曾有报道，陕西发现古罗马的后裔。当时的隋人、唐人并不像今天欧美国家这么小气，没有搞什么排胡人的议案，反倒包容、通婚，甚至可以在朝廷中为官、为将。都说东方人小气，从历史上看，真大胸怀者，非中国人莫属。

这些胡人不光当上了朝廷的大官，而且还有不少文官，也就是靠嘴吃饭的差事。盛唐一朝，秉承两汉魏晋深厚的文人气息，文化修养高深、醇厚，应是汉文学的高峰，这些胡人为官者，必谙熟汉文化，否则如何立足？其时中西文化的交流之繁荣可见一斑。

出土的隋唐两朝胡人文官俑很多，也很精美。其中，最珍贵的是隋青白釉胡人文官俑和唐大型三彩胡人文官俑。这些高鼻子、翘胡子的深目西人，穿着隋唐的官服，生前为隋唐帝国尽心效力，死后，被塑成文官俑，依然守望地下，尽心而尽责。

旧日西方胡人云集东方，是强盛的召唤。

今天东方青年向往西方，亦是强盛的召唤。

今非昔比，这些胡人俑，注视着奔向西方的人流，回忆着跋涉于大唐的艰辛，不知作何感想。

唐女之殇

（一）

一团灰泥，被陈腐的极细极润，方方正正地摆在那儿，在跳动的油灯光下，闪着幽暗的光。

冬虔诚地双手合十，嘴里喃喃念叨着。

这团泥被用力徐徐地压进青色的砖模中。

一阵夜风，院内的银杏树无声地飘下了些许落叶。小院里，豆火的亮光浸在漆黑的夜里，跳动着，像空中翻飞的一片枯叶。

冬，是冬天生的，爹娘顺口就起了这个名字。在这倚山临河的陕西高原，冬天给人的记忆最深。寒冷，经常会像收紧的绳子，让人苦不堪言；更难忘的是冬天是一个饥饿的时期，每户人家都会在冬天尽量省下粮食，待到春天农忙时，再给壮劳力们吃，让他们有力气将来年的种子播下。

银杏叶子开始飘落了，冬天又逼近了。

当东方天际中出现一抹淡淡的白色时，一尊脱胎的坯体俑摆在了桌上。冬先将两片压模成型的前后片，用泥条从合缝处粘好，用竹刀将合模处刮平，并和着水，一边用毛刷蘸水给陶胎上光，一边用竹刀修补露出来的沙眼和不平。经过一番整理，一具青灰色的人型坯子，有模有样地立在了那儿，只是没有头部。

冬手捧着女俑的头，手中的竹刀从额而始，眉骨、眼睛、脸颊、鼻翼、嘴……竹刀飞快地挑、压、削、磨、剔，到中午时分，

少女俑

唐代

高：74cm

作者收藏

一个美丽的女俑坯体完成了。

冬拍去手中的泥屑，匆匆吃了口红薯，用自己的一件小褂，将泥坯盖上，拿起砍刀和扁担，推开柴门向山上走去。

（二）

唐代仕女俑只出土于陕西和河南，说具体了只在西安周围和洛阳周围的所谓唐代两京地区。仕女俑的出土也很奇特，有些大墓一出土十几个，有些大墓却偏偏没有。但凡有陶俑随葬的墓葬，必有天王、镇墓兽、马、驼等，但仕女俑却并不是经常有见，特别是大型的、精美的仕女俑，更是极为稀少。到底是什么原因，埋入这些造型特殊的胖胖的仕女俑，至今并不完全清楚，尤其是改革开放之后，一些墓都是因搞基本建设无意间挖开的，与这些仕女俑相关的墓志铭、壁画等，早就被成排的推土机破坏的了无踪迹了。

仕女俑是依什么而塑的，她们是谁?

仕女的面容不尽相同，但都丰满而圆润，微笑的表情，十分传神。想来大唐帝国女人们都自信，不会为博男人喜爱而忍饥挨饿地减肥，她们浑然天成，像遍开于山野、平原的花朵，新鲜而自然，不事雕琢，却把一个“美”字演尽。

（三）

16岁的红玉，出落得光彩照人，庄里人讲话，这妮子俊的很呢，一幅菩萨相。红玉的俊美，真像是庄里人在长安报国寺看见的女菩萨的相貌，大气而典雅，这在一个临近山区的小村落里真是罕见。

冬亲手做的女俑，都是照红玉的相貌做的。这些仕女，送到长安的冥器专售店里，很快就被人们抢购而空。冬却每月只做30个，从不多做，不论掌柜的加多少钱，冬都将头倔强地摇着。

不施粉黛的红玉，素面朝天地出落了青山绿水的大气和俊美，方圆几百里地都知道黄河边上出了个赛菩萨的俊女红玉。

红玉喜欢冬，喜欢看冬灵巧的双手飞舞竹刀，一坨坨泥团，竟被他唤出了活灵活现的模样。更让红玉心动的是，冬用她当样子，按喜、笑、怒、嗔、颦不同形态，雕出了十几个头像，然后让红玉挑选各种做好的身子和配上红玉喜欢的衣饰和色彩，安上头，很快就被城里来人挑走了，甚至有些店里将冬做的这些仕女标上“红玉样”的标签高价出售。一时间，美女红玉竟成了长安城里无人不知的名人。

（四）

2000年，还是冬的故乡，那个依山临水的村子，上千年的沧桑，这里的地形基本没变，除多了些并不美的方盒状楼房外，没有什么变化。太阳每天依然升起落下，灰蒙蒙的镇子上，炊烟与垃圾味不时飘来，几条土狗懒懒的，趴在那儿，瞪着眼睛看着路人。

小天揭开了席子，这是一个用水泥垒起的几米长的大池子，里面是小天配置的特殊泥料，古棺木屑、古墓土，一定比例的青铜屑。小天挽起袖子，伸着胳膊在泥层下扒出了一个大约40厘米的女俑，他将女俑放在地上，用水冲去泥土，一个极具老像的陶胖妞就立在了面前。

自从这个地区出土了一批精美的唐仕女俑后，这小小的村子就声名大渐了。当初小天他们挖水渠时，无意间挖出了十几个大型女俑后，这个穷了上千年的小村就眩晕了。当时参与挖渠的人们约定，每家藏几个，当时说好了，谁家也不能卖，谁卖出事来谁自己扛。但照小天话讲，这些人狗肚子盛不下二两油，没过几个月，就摸来了十几个文物贩子，价格从几千到上万，从上万到几万，只收

仕女俑

唐代

高：38cm

作者收藏

“胖妞”。村子里的胖妞很快就卖了，只有小天手里还有四五个胖妞死活不卖，看着那些文物贩子渴望的眼神，小天忽然悟出了一个发财的机会。

小天请来市美术学院的老师，将手里的胖妞都翻出了模子，然后根据祖辈的手艺和这块黄河堆积层的细粘的土质，经过一段时间的攻关，一批仿唐仕女俑烧了出来，摆了一院子。小天明白要想做得真，色彩必须要用矿物质的颜料，还要有一套好的作旧工艺。好在手中有“真品”，于是，小天请来的美院的教授们，猫在小天的院子里，忙活了一个多月，最后又在特殊的池子里进行了做旧。

当这批高仿胖妞和真胖妞放在一起时，小天乐了，那几位教授也咧开嘴乐了，一模一样，一般人根本分不清。

（五）

红玉被皇帝选为宫女了，整个村子都议论纷纷。唐代一般很少从小村中直接选宫女，如果能入宫中，对一个农村姑娘来说，可能就是一条通天的大道，武则天不就是被选上宫女后，平步青云，一直坐到了天下龙椅上吗。

入夏时分，人们已经脱去了笨重的棉服，换上了单衣，姑娘们更是借着春天的气息而越发亮丽和青春，多姿多彩而又大胆的唐装更加凸显了女性的韵味和线条。

冬和红玉伫立在小院里，无语。

一连几天，红玉每天都来到小院，冬在这里尽其所能，将红玉的神态都捏了下来。

一驾宫里的马车拉走红玉的时候，冬的陶窑也冒出了一缕缕黑烟。

从此，人们就很难见到冬了，他躲在自己的小院子里，不停地忙活着，但不论是谁都不让进小院大门，每次城里来收货的只是将银子放在门口，然后根据银子数，冬会搬出几个烧好的女俑，从不多话，除了几个老户外，不再给任何人。小院里的黑烟不停地冒，村子里的人渐渐传开了，说冬按红玉的相貌，塑了几个真人大小的泥像，有些人信誓旦旦地说，晚上曾听见冬的屋里有红玉说话的声音，是冬塑的泥人将红玉的魂留在了这个小院子里。

（六）

天的假俑从家乡一直卖到京城，品种也越做越多，然而做的最好的还是唐仕女俑。大把的钞票使天腰板直了起来，他买了名表，开上在当地惹人眼红的小汽车，甚至有不少城市的女孩时不时地出现在他的家里。破砖屋被推倒了，盖起了三层的小楼，鹤立鸡群般地立在家乡那一片灰暗的土屋之中。

仕女俑

唐代

高：38cm

作者收藏

天开始赌博了。天的赌局全县闻名，不论扑克、牌九、麻将，一把就上千，一天下来少说几万元的输赢。天的赌技很高，曾请过北京的杂技高手，香港的扑克大王传授，故号称打遍三秦无敌手，号是传出去了，祸也就来了，几位老千高手联手做局，硬是要将天的家底赢个一干二净。

当天瞪着血红的眼睛，踉跄着回到小院时，屋里值钱的东西早就让赌客拿的盆干碗净了。他坐在门口的椅子上，抱着头。

太阳落山时分，他偷偷开出藏在村长家库房的汽车，扒开自己的炕，从炕洞里挖出了三个80厘米的胖妞俑，这是他留下的出土唐俑，他用被子将这三个俑包好，放在汽车的后座上，在茫茫夜色中开出了村子。

第二天，在通往外省的国道边上，人们看到了掉到山洼中天的汽车，天的头已被摔碎，汽车也面目全非了。掉下去的地方，人们很难靠近，是一面悬崖的中间，救护人员系着绳子才下到了地方。车毁人亡，救护人员用被单裹上天的尸身送上了公路，汽车只能放弃了。但救护人员翻遍了汽车，什么东西也没有，几床被子扔在那里，让救护的人员一头雾水。

仕女俑

唐代

高：38cm

作者收藏

仕女俑

唐代

高：30cm

作者收藏

仕女俑

唐代

高：55cm

作者收藏

仕女俑

唐代

高：72cm

作者收藏

天没有成家，有女人没有恋人，村上人在他祖上传下的小院边上修了座坟，几个月后，小院因修路也被拆除。人们在修路基时，费力地挖出了个古老的树根，树根很大，经人辨认，是棵巨型银杏。

（七）

红玉入宫后，从此杳无音讯，在后宫三千粉黛里，红玉也只能任岁月消褪着年轻的美丽。庄子上的人们除了饭后茶余还会啧啧地说起山高出俊鸟的比喻，说起曾有一个女娃被选了宫女外，红玉在人们的记忆中也渐渐地消失了。

安史之乱，兵灾使这个靠山的小村庄彻底毁灭了，人走屋空，村子变成了废墟，断墙残垣立在那，任风雨摧残。

冬也离开了自己的家乡，有当兵的乡亲在陇西曾见到他，相见匆忙，都急着赶路，当兵的老乡只知道冬将去一个他听着陌生的地方——敦煌。

而冬那些密不示人的依红玉而雕的美女，都埋入了家乡的土地里。

唐代仕女俑以她们的古典美丽，诠释着美和美背后发生的故事。当一尊尊抱狗的、玩雀的、捧盒的、持瓶的、舞蹈的，千姿百态，丰满大气的东方美女，昂首立在伦敦、纽约拍卖会预展的最中心时，千年的美丽让人百感交集。

美哉“胖妞”

在陶俑中（不包括动物俑）什么品级最高？什么价值最高？答案是唐代的仕女俑，也称胖妞。胖妞俑只在有唐一代随过葬，只出土于唐代的两京地区（西安、洛阳），其他地区鲜有出土。

大唐，是我国历史上最为强盛的时期，其长安、洛阳两京，是当时世界最繁华的城市，万方来仪。当时它的文化曾像耀目的阳光，照耀过周围的各个邻国。最近，我看到一篇有关日本文化传统的文章，其中有些专家认为，日本是受到了唐朝的文化遗传，所以日本的服饰、人文，包括民族心理无不有大唐时的DNA，至于到两宋、元明时，反到对日本影响不大。大唐太阳照耀过的地方，上千年来依然尚存，这是多么大的能量。

大唐仕女（胖妞），日本人最为喜欢，他们的偶人玩具，其高档作品都有大唐仕女的影子；至于服装、脸上的装扮，都与唐人相仿。

唐代仕女俑，从十几厘米的一直到一米以上的都有。1995年时，曾在西北出土了两个高一米的大型胖妞，其中一个完整的立马被文物贩子卖到了国外。而其中另一个残了半个头部，发髻部分已失，脸上也有损伤。为了能卖个好价钱，贩子在当地找了个修俑的，草草做了个髻，殊不知，画蛇添足的整修，极大地破坏了胖妞的价值，使整个俑失去了原有的比例，头部极不自然。胖妞曾在我这待了一下午。裙子是石绿加粉白，朱砂红花，画的极细，每朵宝

贵妇俑

唐代

高：73cm

作者收藏

抄手女俑

唐代

高：28cm

作者收藏

相花都用细笔勾线，内填红白色，用喷雾器喷水后，大唐的五彩锦缎风采依然，相当精彩。只可惜，头上除修补外还大量使用了现代的黑彩，不伦不类，所以犹豫再三，也没有留下。当然，十几万的价格也是我难下决心的重要原因。

此俑很快卖给了国内一家大型合资企业的老总，价格据说竟达四十几万。

整个陶俑中，唯有胖妞最贵。

每年的佳士得、苏富比伦敦大拍，都会有几尊精品胖妞上拍，而价格大多在百万人民币上下。

我有一个朋友，早年下海经商，身家颇丰，也涉足各类收藏，并小有名气。一天，有贩子给他上传了一组三个胖妞的照片，朋友请我去看。这三个胖妞个头不大，近40厘米，但却是没有模孔的实胎胖妞。凡没有模孔的实胎胖妞，手工雕塑的就非常细，其品级也会远远高于有模孔的同类产品。这三具胖妞，开脸俊美，在发髻、袖口、腰带、裙边都抹了金彩，而且裙服上有用刀雕出的花纹。三个胖妞，三种表情，美丽大方。我督促朋友无论如何也要拿下，朋友当晚就拿钱去取，却不料，我这朋友犯了个致命的错误，对方开价30万，他依古玩行多次买货的经验，认为给上28万必然成交，于是，驱车百公里，待到达目的地后，出现问题了。卖主讲义气，一直按约定的时间等，但旁边却坐着另外买家，朋友到后卖主开口30万，少一分不卖，且旁边之人，手中正提着30万现金。这一下朋友傻了眼，大晚上的上哪去借？就因为差这2万，这三个美丽的胖妞一步三回头地让别人领走了。一年后，苏富比纽约拍卖会上，这三位美女盛装出镜，以近百万元人民币的价格拍出。运耶？缘耶？

大型的胖妞（60厘米左右），大部分出土时都有残，特别是国内收藏者手中的更是如此；有修并不影响收藏，而彩的好坏，也只能随缘了，东西太少，无法苛求。胖妞与天王、文官等相同，越大越精细，凡面相不清，比例失调的，都是仿品。西安的胖妞与洛阳的胖妞在开脸上有些不同，西安的端庄，洛阳的俏丽。一般讲，西安的胖妞比洛阳的还要胖一些。在中晚唐时期，有过一些极大型的红陶胖妞，一般都很大，主要出土于西安地区，没有彩，甚至找不出上彩的痕迹，面容富贵，带有唐代佛像的相貌。估计入葬时身上有锦缎衣裙，所以不上彩。

胖妞是唐代雕塑艺术中制作最多的也最具时代特征的女性形象，在敦煌、龙门石窟中，都能从佛、菩萨的脸相

捧物女俑

唐代

高：25cm

作者收藏

中看见唐仕女俑的影子，特别是敦煌洞窟中的唐代泥塑部分，更是一脉相承。

中国的女人只有在唐朝时，才真正能称的上是世界美女。她们的这份气度，与后来宋代的羸弱，元代的粗放，明代的羞涩，清代的矫情相比，带着一种霸气，更透着对世界的不屑。唐时长安城的贵妇人绝没有后来女人们的羞涩和胆怯，她们带着大唐王朝如日中天的盛气，敢爱敢恨，敢于将女人的美，不论是心灵的亦或是身体的昭示天下，让番邦、胡人在她们香风帛裙，脂粉明眸下臣服、拜倒；唐代女子可以骑马，倏然而至，待一阵香风使你侧目时，她已绝尘而去；唐代女子可以经商开埠，千万金银随驼队哗哗流进长安，女富豪、女巨贾不胜枚举；唐代女子可立于坊间，嬉笑怒骂，颐指气使，对男人们呼来唤去；唐代女子更可以玩权力于股掌，独揽朝政，指点江山……

唐代美女，美在天成，美不胜收。

上千年过去了，大唐盛世也成了浮光掠影，千古绝唱。但那些带着大唐帝国风情的仕女们却在她们最美丽的瞬间被雕塑高手用粘土和柴火保留了下来，并且穿越千年，再回人间。

胡姬美酒

中国人爱喝酒，几千年的酒文化，是汉文化中非常重要的成分。茶的清淡，酒的浓烈，是国人不可缺少的，而其中又以酒为最。文人加美酒，知己加美酒，美人加美酒，不同的意境自会生出不同的故事。中国人虽然很喜欢喝酒，但比起欧美一些国家，酒精依赖者并不多，也就是说，真正的酒鬼并不多。这可能主要是中国人喜爱的是白酒，是用粮食蒸馏制造的酒，口味辣苦，不佐菜，干喝的很少，所以讲酒就带上个“席”字，也就是有酒、有菜，喝酒的过程比较繁琐，也正是这个繁琐，使中国人的酒精摄入量以人为单位讲，并不突出。目前世界上酒大多为粮食的蒸馏酒和水果（主要是葡萄）的酿造酒。中国的白酒，入口辛辣，度数高的象在喝火，但韵味绵长，虽入口烈，后劲却不大（也称不上头）；而欧美的烈性果酒，入口并不苦辣，有一股橡木和果香，极容易顺进喉咙，稍不留神，必然喝多，且后劲特大，往往使不常喝者，不堪其苦。

如今，从健康角度出发，全球都提倡喝一些低度葡萄酒，这种酒口味微酸，涩口，回味中有浓烈的果香。据说，其中富含营养成分，对心脏血管尚有保健作用。其实，这种葡萄酒在很早以前曾在我国空前流行，整个汉唐时代所谓酒者，即为此君。而这些原产于西亚，甚至欧洲平原的葡萄酒，都是由“胡人”们长长的骆驼队，自丝绸之路运到长安的。

白陶胡人俑

唐代

高：30cm

作者收藏

白陶胡人俑

唐代

高：30cm

作者收藏

唐代，大批胡人（西亚、中亚、阿拉伯、欧洲人）来长安，除做些珠宝生意外，主要是经营酒肆。据史料记载，当时长安西市主要是由酒肆构成，而且酒肆中引进大批的胡人女子，也称胡姬。这些胡人女子，大部分来自西亚，甚至欧洲，皮肤白皙，身材高挑，碧眼金发，丰乳肥臀。暧昧的烛光下，琥珀色的美酒，夹杂着异样的香气，伴着悠悠的胡乐，酒肆中的气氛可想而知。当时长安城中，最大最火爆的酒肆，绝大多数都是胡人的酒肆。岑参在《送宇文南金放后归太原郝主簿》中写道："送君系马青门口，胡姬垆头劝君酒。"贺朝《赠酒店胡姬》诗更是直接描写了胡姬酒肆里的情景："胡姬春酒店，弦管夜锵锵。红羽铺新月，貂裘坐薄霜。玉盘初鲙鲤，金鼎正烹羊。上客无劳散，听歌乐世娘。"当时居住在长安或到长安的唐代著名诗人李白、杜甫、王维等都曾以胡姬美酒入诗，如李白的："胡姬招素手，延客醉金樽"等。异国情调的歌舞、音乐、佳丽、美酒，使当时世界上最大的国际都市长安飘起满城的酒香。从出土的唐代陶俑中，有大量的骆驼是驼着皮囊的，装的就应该是酒。而一些胡人俑也是提着酒瓶子，估计是酒肆中的酒保。胡姬越过沙漠，在驼队的颠簸中，到达了长安。她们在当时世界最大的城市长安

番邦陶俑（使节俑）

唐代

高：33cm

作者收藏

游牧人俑

唐代

高：32cm

作者收藏

城里，用香甜的葡萄美酒，动人的美貌，异国的舞蹈，甜甜的笑容，招呼着每一位客人。当夜深之时，长安城只剩下街道上一排排的红色的灯笼在风中摇晃时，她们也会想起远在千里万里的故乡，她们会吹起胡笛，将思乡的眼泪流入悠长的笛声中。李贺在《龙夜吟》中吟道："卷发胡儿眼睛绿，高楼夜静吹横竹。一声似向天上来，月下美人望乡哭。直排七点星藏指，暗合清风调宫徵。蜀道秋深云满林，湘江半夜龙惊起。玉堂美人边塞情……胡人莫作陇头吟，隔窗暗结愁人心。"

波斯琉璃杯中，红宝石般的美酒，酣然酒醉而高唱低吟的诗人们，而正是这些色红如血的葡萄酒兴奋了诗人，兴奋了长安，兴奋了大唐王国，兴奋了那一段无可比拟的千古绝唱。

侏儒

记得小学时，低我一年级有位小个子的残疾人，头与正常人相当，唯身子短小，世人称之为侏儒。小时不少同学恶作剧地追打、嘲笑过这个侏儒孩子，只一、二年的时间，这孩子就不再上学了，记忆也随岁月而模糊。

转眼人到中年，有次偶然到城市另一端，无意间在街口看见一位矮小的人，支个修鞋摊。心里一动，也在此时，他抬眼向我望来，我们四目相对，那是一双清澈的、纯真的眼睛。他并没认出我来，而这不经意的对视，只是一瞬，却似电火的一击，他眼神平淡而安静，满足而豁达。这极真实的一瞥，倒让我这在芸芸众生中奔来忙去的人，心中顷刻充满了羡慕之情和愧疚之感。我们这些从小就在他身上体味优越的人，看着他熟练而自信地修理着一双双鞋子，时不时与等待的顾客谈笑几句，面对车水马龙的喧闹，似不见不闻，从容自若。命运对他之苛刻，生活对他之艰辛，身体残疾并未使其萎谢。一种复杂的心情涌了上来。

人生的快与慢，长与短，多与少，大与小，都是挺深奥的哲学命题，其间的对与错、优与劣，绝非所能轻易答对的。

多年前一个偶然的机会，我从朋友处看到了一尊不到20厘米的小陶俑，虽然个子不大，但不知怎的，一下子就吸引了我。死说活说从朋友处买了回来。夜静之时，我与他对视，被这尊小俑的完美和高超的雕塑艺术而深深感动了，一股平和之气从心底升腾，扫荡

陶侏儒俑

唐代

高：17cm

作者收藏

了浮躁，像有一个气场在抚平不安的心灵。我爱上了这尊侏儒俑，也开始了我的陶俑收藏，并一发不可收。虽然现在我收藏的陶俑已经近千个，自诩为坐拥千俑，但这尊侏儒俑仍被我视为最高级别的收藏品而精心呵护，并不时与之对视。

这尊侏儒俑头戴幞头，身躯矮胖，面部略带悲凉，形象逼真，可见当年制作工匠将自己的情感注入了这个作品之中。千年情感相通，遥想千年前工匠在烛光下，塑造陶俑，也塑造自己，他一定不会想到千年之后，我会通过这尊陶俑感知和品味他的思绪。

在中国古代，常以侏儒为倡优弄人，《史记·滑稽列传》就有“优旃者，秦倡侏儒也”的记载。唐代更是把侏儒做为矮奴而进贡给达官贵人，供其娱乐。许多患侏儒症的人被当地州、县做为贡品，纳贡朝廷，使这些残疾之人备受离别之苦，同时还要以自己的痛苦去博达官贵人一笑。其悲惨之景，可想而知。白居易曾为此写过一篇《道州民——美臣遇明主》的诗记录此事。

侏儒俑，唐代最多，一般多为河南、陕西一带出土，灰陶多见。凡侏儒俑都非常精细、传神，其神态、动作常令人难以忘怀。以自己的痛苦去博世人之笑，人生之大无奈也。我们健全之人又何尝不如此呢。

女人与男人的来世今生

（一）

已经寂静了很长时间的甘露寺内突然乐声大振，美妙动人的曲调，飘飘扬扬，像一缕缕的风，盘桓在这并不大的院落里，时而聚起，时而散去。宫女们吓得全躲进了厢房，互相靠着。在时明时暗的月光中，睁大了眼睛，恐惧地盯着甘露寺的主殿。

清晨时分，天色渐渐变白，宫女们蹑手蹑脚地相互扶着，战战兢兢地推开了主殿的大门。随着大门吱吱的开启声，一股清晨的风吹进了殿内，几百支蜡灯，晃闪了一下，几排帐幔纷纷飘起，宫女看见中央大榻上，一人张开双臂，叉开双腿，像个大字般的躺在那里，一身黄袍，面色苍白，这股晨风竟吹动了颌下的几缕花白的胡须。

他死了。一位78岁垂暮的老人。

他死了。一位赫赫有名的皇帝。

曾使大唐帝国威震海内，开创了开元天宝繁华盛世的唐玄宗——李隆基，死了。

762年，4月，甲寅日，清晨。

在硕大的台案上，有写给肃宗的遗诏，嘱将紫玉笛、各式乐谱、杨贵妃遗存的首饰等物随他一同升天，并让在修好的泰陵中，召高手陶工雕塑大型的武士将军和侍女，其样子按玄宗遗留下来的两幅画像制作，然后随李隆基一同入墓。

（二）

夜，深沉下来了，冷冷的月光似水般地漫了进来，几百个各样陶俑，在一排排柜中伫立着，月光的斑驳，使它们时明时暗，在寂静中分明有着一种声音，细细听来，象是女声，又似男声。男声不停的叫着“云儿”、“云儿”；而女声叫着“乌齐”、“乌齐”。虽然细小如丝，却分明凄凉、急切。一阵夜风，树枝晃动，月光被遮住，一切又归于黑暗。

2007年，4月，一个有月光的夜。

（三）

755年，由长安到剑南的驿道上，一支庞大的队伍缓缓而行。骑兵、步兵、轿夫及各色服饰的人们，或骑马或坐轿或步行，绵延数里，引得周围的村庄，一片骚动。

虽说这是官驿道，边上的百姓，经常给过往的各式驿兵、信使、官吏做些果蔬、肉干、茶酒的生意，赶上盛夏和寒冬，还可引入村中，赚上个酒肉宿费。运气好的时候，碰上报捷的信使，还能得上一笔不小的“小费”。这条官驿道就成了沿途百姓的生财之道。

按说，过支部队，对见多识广的官驿道边上的百姓来说，没有什么奇怪的，但今天，这支队伍却第一次让这些百姓感到了惊奇。因为他们在这支部队中看到了成批的着紫色和红色官服的人群，这太让他们觉得不可思议了。

两年前，也是这条驿道上，一支哨兵三天前就挨村传令，午时将有重要队伍过路，让各村农夫着鲜亮服装，沿道欢迎，凡去者，按役时计算。于是，十里八村的人们相伴来到路边，里长、村长计算人数，早早的黄土铺路，洒上清水，人们难得有空闲聚在一起，特别是一些少女和小伙子，都想借这个机会见上一面。人群拥在路边，花花绿绿，倒像闹春的花枝。午时，官队开始出现，几百个骑兵擎着五彩的旗帜，风吹得哗哗直响，盔甲在阳光的照耀下，发出黄、白色的闪光。在这一大片闪光中，眼睛被刺得有些睁不开。人们心里有些恐惧，在里长的带动下，不由自主地跪在了路边。

骑兵之后，是骑在马上的文官，在一群着月白、皂色、玄色官服的官员簇拥下，一个身着鲜红色官衣的中年人，骑在一匹高大的大食马上，扬头挺胸，威风凛凛。周围官员们小心地搭着话，马队缓缓前行，里长又带头喊了起来："千岁，千岁，千千岁！"百姓也搞不清千岁是什么，也跟着乱哄哄嚷了起来。中年官人看了看这些百姓，立住马，不知向边上的官员说了什么后，微笑着向大家喊道："大家辛苦。"这长安官话，让百姓觉得新奇，人们抬起头来，看见这位男子，面色白皙，几缕胡须，人长得漂亮，山村的百姓马上联想到了庙中的神仙，更加卖力地喊了起来。

还真不白喊，待官队过后，里长和县吏发给每个村民五个铜板，说是上面发的，这样，百姓知道了这位大官姓杨，是当朝宰相。宰相，大官，红色的衣服，百姓们记忆犹新。

而今天，队伍很长，百姓们自发地拥到了路边，他们惊奇地发现，队伍中红色官服、紫色官服的大官有一大片，而且又都围着一架大轿车，共有6匹壮马，拉着这个轿车，黄色和紫色的轿幔，后面4匹马拉的轿车长长的一大溜，看上去有几里路长。没有人组织他们喊什么，百姓默默地看着前行的队伍，队伍中除了马蹄的声音和车夫的吆喝声，也默默的，让人感到了重重的压力。

这支缓缓移动的队伍，正是大唐天子李隆基的御驾。这位玄宗皇帝，曾以他独有的魄力，使大唐成为世界超一流的大国；长安城百里繁华，惊了整个世界，除中亚、西亚、阿拉伯外，连远在欧罗巴的撒克逊人、高卢人，都以能到东方的长安城为荣。他们结队，越过葱岭，被驼队载着到了心中的圣地长安时，他们真的惊呆了，几丈高的青砖城墙，五色的旗帜，分东西南北，有多个城门，南有乘天门、永安门、长乐门、广运门、重明门；北有玄武门、安礼门、玄德门等等。鲜红的城门，已经让他们唏嘘不已，进得城去，正南正北的回字型街道，共有八个大型商坊。青砖铺路，商肆林立，让他们欢呼雀跃。待看到一片金黄瓦的大明宫时，那浸在如烟如雾中的一大片金黄，更让他们目瞪口呆。在飘着各色招牌的商肆里，堆满了绫罗绸缎，鲜果茶酒，店主人招呼着这些远道而来的“胡人”。特别是瓷器街和凶器街，更让他们兴奋。在欧洲贵如黄金的各色瓷器，在这里应有尽有。各色的陶人、浇了花釉（唐三彩）的和没浇的让他们惊叹。于是，这些胡人就留在了长安，经商、为官，凭借着高大的身躯，不少人成了名噪一时的将军。这些欧洲人、阿拉伯人、西亚人、蒙古人等，使长安城各色人集聚，繁荣无比。

但历史在755年时，一切都发生了变化。这东方的黄金都市，发生了惨绝人寰的骚乱，拥有重兵的胡人节度使安禄山、史思明，带领幽、燕州的虎狼兵士，扑向了这座金城。

三彩天王俑

唐代

高：90cm

作者收藏

几路所谓的勤王兵，不情愿地抵抗了几下后，纷纷退走，长安城以它的富贵，激活了叛军的欲望。叛军不顾一切地冲击着，很快攻克洛阳，长安危在旦夕。在杨国忠催促下，李隆基恋恋不舍地最后看了一眼长安皇宫，仓皇向四川腹地逃跑。

（四）

九月的长安宫，晚风吹得宫灯忽来晃去。傍晚时分，偌大的长安宫，忽然变得异常的安静。每天这个时候，云儿都会望着宫中层叠的高大巨檐，看着一群群盘飞的鸽群。似黑未黑，天边最后一抹亮色，使这宫殿群变得神秘莫测。云儿的心，每当这时都会变得躁动和不安，她每一刻都想见到乌奇，却又怕见到他，呆呆地想着，他的模样已经在她心中描绘过何止万次。

唐代女子敢爱敢恨，云儿服侍的杨贵妃，就公开让身边的侍女大胆向男人示爱。所以云儿早就将女人的热情全部投向了乌奇，乌奇是她生活中唯一的希望，像眯起眼睛看太阳，温暖而又五光十色。

乌奇是个胡人。

乌奇出生在多瑙河畔，那里聚集着许多以放牧为生的部落。乌奇所在的部落在一次次战争中被迫向东方迁徙。他有许多从小的伙伴就在不停的迁徙途中病冻而死，而乌奇凭借他强健的体魄和过人的骑射功夫，成为一个优秀的部落斗士。部落通过不停的游走，最后在陇西、玉门附近安顿下来。虽然这里的草原比不上家乡的草原，但这里没有那么多的杀戮，人烟稀少。

一年的早春，一场罕见的大雪，整整下了五天，雪有一米多厚，马群和羊群被冻、饿死了大半，一场百年不遇的灾情落到了这个部落头上。人们在寒冬中，被冻死、饿死。乌奇一家也不能幸免，他只身向关中逃荒，在陇西大道附近，正赶上当时任范阳、平卢、河东节度使的安禄山招兵，看他身材魁梧，气度非凡，特别是他黄头发、白皮肤，眼蓝、鼻高，深得安禄山的赏识，加上他弓马娴熟，武艺超群，一表人才，安禄山让他作了自己的亲兵卫长。

750年，安禄山进京朝圣，带上了乌奇。

长安城，方圆几百里，绿瓦青墙，透着繁华和大气。长安宫，朱雀门内，乌奇随安禄山上殿觐见，礼毕，乌奇站在一旁，低眉直立。

“禄儿，最近打猎如何？”一个男人的声音从大殿上传来。

“是，儿臣一直未敢荒疏弓马。”安禄山上前一步跪答。

“起来说吧。”一个甜甜的女声传来。这声音象浮在空气中的暗香，飘飘的，甜甜的。乌奇不禁抬头望去，见大殿宝座边坐着一位妇人，虽然离得很远，但这女人的相貌和气度还是让乌奇惊讶。她有着与众不同的美丽，绝不似少女的漂亮，也不同于美人的艳丽，而是一种高贵中的典雅，气势摄人的惊魂之美。只一眼，乌奇终身难忘，他赶快低下头。

安禄山站起身来，谢贵妃。

皇上道：“我这有几把宝弓，抬来给禄儿一观。”

几位御林军从后面抬来几张硬弓。安禄山拿起一张看了看，连说好弓，然后回过头来，看了一下乌奇，说：“乌奇！”乌奇忙答：“末将在。”“你来看一下。”安禄山将一张弓随手递给了乌奇，接着拱手向玄宗答道：“我这位亲卫是军中弓箭高手。”

“哦。”玄宗仔细看了一下乌奇，这位英姿高大的武将使他心里暗生一份喜欢。

“这弓如何？”玄宗问道。

“这弓平常！”乌奇的这个回答使殿上百官都吃了一惊，连安

射箭天王俑

唐代

高：100cm

作者收藏

禄山也感觉意外。

“何以见得？”玄宗脸色有些不快。

乌奇忙上前跪倒道：“这弓虽然制作精良，但有一个致命的毛病，即木心不直。木心不直，自然纹理都斜，弓虽然硬，发箭却不能直。请皇上恕罪。”

玄宗拿过弓来，仔细端详，脸上的乌云散开了。对安禄山说：“这位亲兵真是懂弓之人啊，朕很喜欢。”安禄山忙说：“皇上如喜欢，就让他呆在皇上身边吧。”这时，杨贵妃走上前来，仔细将乌奇端详一遍，点点头。从此，乌奇就成了长安宫中皇帝卫队中的亲随。

（五）

云儿在贵妃宫中已经三年了。自从杨太真被召入宫，云儿就一直在杨贵妃的身边。虽说是一个侍女，贵妃却并未完全将她看成下人，贴身伺候贵妃的就云儿一人。云儿虽然才18岁，但已经出落得水汪汪的，鲜嫩、明亮、高高的身材，极富线条。白皙的面貌，让整个宫闱中的女侍们黯然失色。当她和杨贵妃一同在宫中行走时，一个高雅富贵，一个鲜亮如水，召来了整个宫中的侧目。

冬日里，华清宫中温泉汩汩，每到这时，皇上都要和杨贵妃到华清宫避寒。在如烟如雾的大理石浴池中，玄宗和杨贵妃度过了人生中最为幸福的时光，明媚的阳光，升腾的热气，袅袅升起的沉香迷雾，各式水果，当然还有岭南的荔枝、四川的血橙、新疆的香梨、塞北的香瓜……伴浴的侍女，只有云儿一人。一次，杨贵妃端详着云儿的身体，感慨道：“云儿啊，你太完美了，我一定请工匠雕一个大理石的云儿立在富丽堂皇的浴池中央，让人们知道什么是真正的大唐美女！”

宰相李林甫从当宰相那天起就以观察、揣摩玄宗的动向为行为的最高准则。在玄宗年过50岁后，李林甫深知玄宗的心思，就不停的召民间异人、佛僧、道人入宫，不停研炼丹术求长生不老的秘方。其实，对于这些，杨贵妃并不相信，她力劝玄宗不要轻易吃那些来路不明的丹药，并派云儿到玄宗身边兼任宫女，时刻注意李林甫一伙人的动向。于是，云儿被莫名其妙的追杀了几次，亏得云儿聪明，得以逃脱。为了保护云儿，玄宗特派乌奇专门保卫云儿，在不断的接触中，在这个沉闷的宫殿里，这一对青年相爱了。

（六）

明媚的阳光，照在绿茵茵的草地上，远处层林山峦，喧闹声此起彼伏，皇家马宛中正举行马球比赛，各个王公贵族组织自己的马球队都想在皇帝亲临的比赛中夺魁。唐代的马球非常普及，上至皇宫，下到商贾，都很流行，但真正打好很难。打马球既要有驭马的功夫，又要有击球的本领，人、马合为一体，静如处子，动如脱兔，需要高超的技能，而且不分男女，都可上场。皇宫内宛内的马球队，风头最盛的莫过于云儿和乌奇领衔的马球队了。当时，各王府、侯府、各大节度使府、富商巨贾，都组织马球队，然而，每次都败在皇宫内侍队手下。

打马球时，人要伏在马上，用手中的杆去击打不大的木球。马的速度极快，在击球的瞬间，人、马要配合的天衣无缝，人在出手击球时，马要来个急刹，使人借冲力将球击得更远，但若人和马配合失调，马的冲力过大，马过杆空，打不到球。而云儿和乌奇则与众不同，云儿打球，轻盈如燕，在马儿飞驰中，飘然而至，像一束闪电，稍一停顿，球已飞起，马随球起，一气呵成，每每引得人们的喝彩。而乌奇则利用其大唐第一弓箭手的过人臂力，在名贵的汗血马飞跃中，将球挑起，然后在空中大力挥杆将球打得像一道光一样，又准又快。他潇洒的击球动作，不知勾动了多少大唐名媛、贵妇的心。

然而，这场马球还没有打完，皇宫的传令兵就不停的飞旗急报，人们渐渐地忘记了马球，而不知所措地看着大唐皇帝。

755年，安禄山、史思明叛唐，杨国忠来到玄宗面前，低声说道："潼关哥舒翰部失守，正在向长安败退，京城兵力空虚，只有陈玄礼那不足两万人的御林军，根本不是安禄山15万大军的对手。"

60多岁的唐玄宗，已经没有了少年楚王的英气，更没有开元初期的睿智，过度的奢侈使他变得虚弱和松弛。他瞪着浮肿的眼看着杨国忠和杨贵妃问道："当如何？"杨国忠低语道："马上离京。"玄宗皱了皱眉问："去哪里？"`"往西经剑门入川。"玄宗无语。杨贵妃却显得镇定。他对杨国忠说："马上传令吧，通知沿途州、县。"

于是，就有了开头这支队伍走在官驿道上的情景。

（七）

队伍离开长安，才走到咸阳望贤宫时，沿途的县官都已经跑的没有了踪影。没有任何人来迎接这位大唐的国君，更谈不上供给这支庞大队伍的饭食了。李隆基做梦都想不到，自己会有今天的这个场景。自712年8月庚子日，睿宗传位给他，40多年的大唐天子的自信，开元盛世的骄傲，瞬间灰飞烟灭，他真不敢相信这一切都是真的。然而，荒凉的官驿道上，无语的随从，使他感到了一种从没有过的恐惧和无奈。

“皇上，皇上。”随着一声声的高叫，一位白发老人从道边奔出，跪在轿车前，双手举着一个竹篮，玄宗命停车打开车门，看到篮里有几个黑黑的饽饽，已经一天没有吃饭的李隆基，伸手拿了一个吃了起来。他从来没有吃过这么粗糙的食物，他问道：“你叫什么？”

老人答：“草民郭从谨。”

“这是什么食物？”玄宗问。

“高粱、麦豆饽饽，这是草民专为皇上亲自做的。”郭老汉答道。“你们平时就吃这个？”

老汉摇摇头，“这是过年时才能吃到的。”

看到老汉满布皱纹的脸和黑黑的饽饽，玄宗眼泪不禁落了下来。老汉看见皇上落泪，也落下泪来，说道：“皇上啊，当初宋璟为宰相时，屡次直言进谏，陛下都采纳了，天下就太平了。如今，朝中没有了贤臣，阿谀小人得势，陛下被他们包围了，听不到宫外的情况。我们平民百姓虽然居住乡野，看到安禄山的军队从这条驿道上频繁调动，都知道就要天下大乱了。可惜无法见到你，向你报告。如果皇上早些知道这些，也不会有今天的情景了。”说完大哭。

玄宗叹息说：“我太糊涂。如今后悔也来不及了。”说完拉上车窗，一行眼泪涌出眼眶。

（八）

宰相杨国忠自从随驾出京以后，时不时地感到一种从未有过的燥热。天气并不热，但他却时常奇怪地出汗。这种从没有过的毛病，加上这个非常的时期，使杨国忠的心里七上八下地非常不安。他靠杨贵妃的关系，在李林甫死后当上了当朝宰相，但他知道，一些旧臣集团和外埠的皇子、将军，并不把他放在眼里。在他们眼中，这位一无战功，二无文名的“后门宰相”简直不值一提。杨国忠也竭力向军中和重要部门安插自己的亲信。然而还没成系统，这该死的安禄山就反了。杨国忠也只好随着大队人马出京逃难了。

与杨国忠一样，御林将军陈玄礼的眉头一直紧皱。陈玄礼是一位非常稳重的将军，李林甫死后，朝中朋党大战，御林将军一直无人，才将他从陕西雁门调入京城任御林将军。说是御林军，其实是一群毫无作战经验，又多靠裙带关系进来的乌合之众，除去乌奇为首的亲兵还能战外，其余根本就没打过仗。陈玄礼明白，就这群兵不要说跟安禄山的虎狼之师作战，就是碰上大一些的土匪群，都不是个儿。所以他心中充满了忧虑。队伍已经走了三天了，清晨，整个军队断了粮，士兵们从昨晚就没有正经吃东西了。队伍开始变乱，士兵的叫骂声此起彼伏。

中午时分，队伍走到了马嵬驿，这是这条官道上比较大的驿站，原本打算到这里能吃上顿热饭，可不成想，看到的驿站，却已是人去屋空。驿官、驿卒都逃的无影无踪，没留下一点粮食。前军兵士大声叫骂，整个队伍骚动起来。

杨国忠听到叫喊声，骑马过来，用鞭指陈玄礼说：“陈将军，为什么不走？”

陈玄礼怒目相视答道：“兵士们饥饿。”

杨国忠不肖的说：“谁让你们出京时不带粮食。”

陈玄礼说：“从集合到开拔只一个时辰，如何筹集军粮！”

杨国忠说："这些不用烦我，马上开拔。"

这时，陈玄礼身后的几位偏将怒不可遏，大骂杨国忠混蛋。

杨国忠气白了脸："陈玄礼，你反了。待我奏请皇上杀你全家！"

这个"杀"字提醒了陈玄礼，他发怒了，抽出宝剑，一道白光，杨国忠不及明白，就觉得眼前一黑，头身分离，白色的坐骑带着染红的身子，疯了似的奔走了。

陈玄礼看了身后的几位偏将，大声说道："杨国忠要谋反。"几位偏将马上也大声叫到："杨国忠要谋反。"一时，军中士兵齐声高喊"杨国忠要谋反"，声音像滚动的闷雷。

（九）

李隆基从沉睡中惊醒，车外如雷的呐喊让他心像揪住一样，他忙叫高力士去看发生了什么事，不一会儿，高力士惊恐地回来，脸变得惨白，不停地嚷着："皇上，他们反了。皇上，他们反了。"

李隆基被人扶下了车，拄着拐杖，白发在风中飘起，这位大唐的主人，今天倒像久病的老头儿。陈玄礼大步走来，跪倒在李隆基面前，大声说道："杨国忠谋反，已被

贴金武士俑

唐代

高：110cm

作者收藏

末将诛杀。兵士们怕日后牵连，请陛下也将杨贵妃一同正法！”

李隆基哆嗦的手指着陈玄礼：“你敢，你敢！”陈玄礼也不示弱，伏地叩了三个头，然后拱手说：“皇上既然不杀杨太真，那我们这些当兵的也就地解散，各自回家，请皇上保重。”说完转身就走。

高力士见状，忙拉住陈玄礼，转头对玄宗说：“皇上，贵妃是无罪，但将士们杀了杨国忠，留着贵妃哪能心安。愿陛下准将士所请，将士心安，陛下也就安全了。”在一边的同平章事韦见素跪奏说：“众怒难犯，安危就在此一瞬，陛下快快决定吧。”边说边叩头，头都叩出了血。这时，军队中众士兵一起大喊：“不杀贵妃，誓不护驾！”

李隆基的心痛得有些站不住，高力士扶住皇上，见李隆基的嘴角嚅动着：“顾不得了，顾不得了。”高力士转头高喊：“皇上有旨，赐杨贵妃自尽。”

（十）

一路的颠簸，已使杨贵妃花容失色。平时那些春天甘露、雪山花莲、长白老参、珍珠合成的润肤露，也早已丢在了长安宫中。但一捧纷乱的黑发，衬着没有鹅黄、粉黛的脸，倒真看出杨贵妃天生丽质的本来面貌，美丽的无可挑剔。虽然只走了三天，但杨贵妃像经历了人生的全部，在不停颠簸的马车中，她将这几年入梦般的生活反复想了多遍，特别是昨夜，她梦见一位看不清面目的人在轻雾中向她说道：“杨太真，你已经将一生的荣华都已过尽，马上又一大劫，如能躲过，将信奉佛祖，赎救自己吧。”

“一切都将结束了”，这句话一直在她身边不停地回响。

高力士手捧白色的绸子进来时，杨贵妃并没有惊慌，窗外兵士的叫喊，她已经听到，一阵山风吹来，她感到了死亡的催促。

“娘娘，为了陛下，为了大唐，你就……”高力士噙着泪说。

“能否请皇上见奴婢一面？”

高力士扶杨贵妃下车，来到李隆基临时休息的驿站，李隆基站在门口，见到杨贵妃苍白的面孔时，一阵痛心击穿了他，眼泪止不住地流了下来。“处死杨贵妃，处死杨贵妃！”驿站外，御林军喊声更加急切，高力士跪在李隆基身前说：“皇上，不要再耽误了，这事关大唐的前途啊！”

李隆基掩面哭泣，退回了房中。

驿站有个佛堂，很小，也很破旧，高力士将杨贵妃带到佛堂，将门关上，昏暗的佛堂内，云儿跪在堂前，杨贵妃有些惊讶。

“请娘娘让云儿替死。”杨贵妃似乎不解地看着云儿。

“请娘娘让云儿替死。”云儿又说了一遍。杨贵妃不知所措，高力士跪下道：“云儿听说这事后，原本随娘娘一同归天，以报答娘娘之恩，但老奴想到，从陈玄礼到御林军，都是新调来的，并不认识贵妃，于是答应云儿替主赴死。”

杨贵妃一下子热泪涌上眼眶，她双膝跪倒在云儿面前：“我没有看错你。”随后泣不成声。

云儿换上了杨贵妃的衣服，被高力士引着到了佛堂前的一棵梨树下，将白绫套上树干，将云儿的脖子套在白绫套中。高力士高声叫到：“请陈将军！”陈玄礼进来，见高力士将白绫套在女子脖中，问道：“将军如何？”陈玄礼看了一眼，双膝跪倒，叩了三个头，说：“莫怪臣下，内外急迫，请娘娘体谅。”高力士一脚踢倒了方凳，云儿忽地感到一阵轻风拂过，身体变得很轻很轻，她伸了伸手臂，觉得轻如烟，竟飘飞起来，而且越飞越高，下面的道路、

天王俑

唐代

高：70cm

作者收藏

房屋变得越来越小。她心里想，死也不过如此，只是不知乌奇现在何处。

（十一）

乌奇咬着流血的嘴唇，他几次想抽出箭来将高力士射死，但都忍住了，他要执行一个重要的任务，护送未死的杨太真去剑门附近的云虚庵。

杨太真，杨贵妃，从此就成了云虚庵的云虚道长，而乌奇就成了她最为亲近的护卫。

马嵬驿事件后，唐玄宗继续西去，而太子李亨则从马嵬驿北上，与郭子仪的大军会合，在灵武即位称帝，平叛安史之乱。

757年12月，李隆基返回长安，被尊为太上皇，闲居于宫内甘露寺，经常拿出紫云笛向西吹奏。笛声凄凉，旁人无法驻听。

（十二）

云虚庵在绵延的秦岭中，香火并不兴旺。只几年的功夫，这位大唐第一美女，已经苍老的让人很难与昔日相联系了。青灯黄卷的日子，使她万念俱灰，她甚至有些后悔，为什么要偷生下来。

乌奇在道观下的一座村中住了下来，种地打猎为生，每个月将一些粮食送入庵中，没再婚娶，一人独居。

每天，杨太真打坐诵经，她只为一人诵经，她祈祷云儿的魂灵能进入上天，会有一个好的归宿。

而乌奇却被思念彻底地打倒了，铁一样的汉子被病折磨得骨瘦如柴。杨太真不停地求人为他医病，然而并不见好。伴着深秋落叶的飘飞中，乌奇的生命走到了尽头。

“云儿，我的云儿”，乌奇不停地念叨着，杨太真流着泪，将云儿留下的一条丝带系在了乌奇的脖领上，乌奇嘴角露出了微笑，他忽然看见云儿从天上飘来，拉起他的手，向乌云散开处那一缕五彩的阳光飘去。

761年，一封厚厚的信函，由高力士送给已经病了很久的李隆基，信很短，“勿忘此二人”。两幅画，画的一个拉弓射箭的胡人将军，一个美丽的侍女。

（十三）

自始，乌奇像为蓝本的射箭胡人将军俑和以云儿为蓝本的侍女俑成为唐代陶俑中最为难得和传神的俑。

唐代的大型侍女俑和将军俑自武则天一朝时，已经非常精美，到玄宗时代更加无与伦比，精细、俊美、大气、传神。至今，唐代女俑（俗称胖妞），仍是收藏家一直追寻的精品。

这两种俑通常都会一同埋入地下，他（她）们效忠主人，不论是在世上亦或阴间。

每当他们分开时，在夜深之际，就会互相叫着对方的名字“云儿”……“乌奇”……

乌奇与云儿，通过时空的隧道，极不情愿地被从安静的地下挖了出来，他们惊恐的看着这千年之后的世界，他们想拉住对方的手，不要分别。他们被人们无情的分开，摆在不同的地方，他们只能互相对视着，在夜深时分，呼唤着对方，然后诉说着上千年的不尽思情……

俑之灵异，故事凄美苦涩而美丽！

老农与女俑

一场突然而至的大雨，像是自天上倒下的一般，将这久无大雨的黄土高原浇了个透，整个山峦，像是被泼上了重彩，一道儿黄，一道儿黑的，更像皴坏了的水墨画。老汉挽着裤腿，艰难地到了自家的三亩高粱地边，高粱横七竖八地倒伏着，一片败乱。像这样越是临近收割时的绝杀天灾，老人已经经历了好几次了，他知道，靠天吃饭的人是不能把事儿想的太好的。他蹲在地头上，呆呆地看着还在流淌的黄泥田，突然，在陇边上，似乎有个什么东西立着，高于其他的地方，仔细看，竟像个小人。老人奇怪地走了过去，一个泥雕的小人半截露出了地面。老人拍拍手，小心地将这个小人从地里挖了出来，拿在手里，有一烟袋杆长，是个美丽的女子。老人四下看看，不知此物究竟从什么地方来的。

解下头巾，像怕冻着似的包好了这个女子，老人回到了那充满牛屎、烟草、糊饭和其他一些气味混合的土屋。

女娃真美，鼻子眼都带着高贵和优雅，衣服是老人从没见过的古装。老人每天都拿起女娃看来看去。说来也怪，至此，这孑然一身的农户老人竟有了少有的微笑。女俑一直伴着老人，直到有一天，老人的儿子在城里大学毕业，将老人强行拉到了城市。

在离开黄土高坡时，老人什么都没带，只是用一条白色的羊肚儿手巾包上了这尊女俑。

城市的生活对于劳苦了大半辈子的老人来讲，无味，无趣，无

飞鸽头饰女俑

唐代

高：50cm

作者收藏

聊。老人一直思念故乡的黄土地，但又撇不下儿子、孙子。于是老人每天只有和这尊家乡的仙女唠叨些心里话；女俑每天静静地看着老人在屋里走来走去，她用自己永恒的微笑，给老人以生活的安慰。

2000年，老人带着对黄土的渴望，去世了。在丧事办完后，儿子将父亲的所有东西都处理了，这时才注意到了多年来一直在老人床前伫立而自己从来就没在意的这尊女俑。他拿起女俑看了看，胎体已经有些粉化，他摇摇头，真不理解老爹为什么一直在床头放这么个泥人。正好有朋友串门，他就给了朋友。朋友给朋友，最后这尊唐代极具特色的仕女俑被我收藏。

这尊仕女俑应是唐早期，准确的说是贞观时期的女俑。当时李氏王朝正在奋发图强，大唐帝国也如欲升的朝阳，正待喷薄而出呢。那时的工匠，依然受北魏、隋的传统影响，崇尚精致、精细和逼真，他们将心中的美女理解为飘然若仙，身轻如燕的窈窕少女。于是将唐代钦定的国鸟鸽子放在了女俑的头上，少女胸丰腰细，修长的脖子戴一串项链，两侧向上飞起的肩饰，呼应了头上欲飞的鸽子，而飘逸宽大的双袖又加强着动感的程度，裙摆上飘动的六条彩带和宽大的裙裤，更使整个女俑灵动飞扬，风姿绰约。

每当拿出这尊女俑时，我都会由衷地感叹，感叹唐代艺术家对美的感知，对美的诠释和创造美的神来之笔。

兵役

（一）

凡兵，必与战争有关。战争，人类有组织的相互厮杀，人们红着眼睛，喘着粗气，或用冷兵器或用现代的新型武器，仇视着，搏斗着，以必将对方置于死地为目的。人生原本善良，人之初，性本善，但为什么一到战场杀起同类来却如此凶残？为了国家？为了主义？这些真的重要到必须以杀同类为代价亦或前提吗？人在天使与魔鬼之间，只隔一层纸，有时想起让人悚然。

尚武好斗，是男人与生俱来的天性。一个男人一生中，即便没有亲自参加过战争，也会不停地幻想自己如何英勇而成为英雄；而成为英雄，是每个男人一生的美梦，理想中的重要主题。

在有许多兵俑出土的墓中，从型制和规模看，墓主人其实与军队并无直接的关系，也绝非军官，充其量可能一生中只当过短时间的兵，或参加过战争，被迫服过兵役等等。但这已使他的灵魂中嗜血的因素被激活，多少人已是耄耋之年，靠着墙角，晒着太阳仍嚅嚅地说着当兵时的情景，念叨着自己的英勇。

人类的历史很长，战争史贯穿全部，有人就有战争，战争由成千上万的士兵完成，人们不论愿不愿意，都会被裹挟进这股巨大的洪流中，去选择生或死，而战争死亡的数字后面一定会有懦弱中的残酷，麻木中的疯狂，血腥中的震颤……

久远久远的太阳和月亮，周而复始地升起落下。

（二）

滚滚黄土，刺得鼻子十分的难受，已是近年底的天气了，但并不寒冷。辛已跟着队伍扛着重重的长矛走了大半天了，身上的汗水已经将中衣浸湿。他将半长的外套带子解开，用脖子上的布巾擦了擦汗。他虽是楚人，但早年随父母来到了关中，为了免去种田的赋税和灾年的口粮，他参加了长安中央武威军，在步军中任十人长。

他取出带的皮囊喝了口水，向地上吐了一口唾沫，走在他前面的是掌旗长郭井，他擎着青龙旗，弓着腰，有风的天气，旗长行走最辛苦。

辛已和郭井是老乡，两家在同一村庄，属于中央封邑，这里土地相对富足，只要没有战争，他们收的粮食，可以使一家全年温饱。一旦有了战争，他们将自备武器和衣甲，按村编制，参加中央邑军。

他们参加过两次战争了。五年前，他们参加周勃的中央北军，攻入未央宫，剿灭了吕家的亲兵，为此，他们每人得到了五百钱的封赏。当他们穿着皂色半长的袍子，头上带着鲜红的头巾，脖子上围着雪白的布巾回村时，整个村子沸腾了，整整近两个月的时间，每到傍晚都会有很多人围着他们听他们讲村子外面的世界，未央宫的宏大，

汉兵俑

汉代

高：50cm

作者收藏

长安城的雄伟，长安城里女人的装束，城里大官们如何吃酒、娶几个女人。辛已会大声吆喝着“看看吧，这是真正的官钱。”他拿出赏的一串串金黄的铜钱，乡亲们摸着这宫中赏下的又大又亮的官钱，艳羡不已，着实让辛已们风光了一阵。

今年上面飞骑传令，抽调他们应征，于是他们打开箱子，拿出军服，取出长矛，告别妻儿，在乡里集合，让他们兴奋的是听说这次如打胜，每人将赏钱八百，如有功，可能会赏一匹马，想到这，他们心跳加快。

于是，这些人组成的步兵、骑兵方队、急行军悄悄地逼近了刘濞的吴、楚叛军。

这支队伍的军事统帅是汉代如雷贯耳的周亚夫。

而他们要去攻打的是当朝吴王刘濞。

他们要捍卫的是汉景帝刘启。

这一次战争史称“七国之乱”。

（三）

轻甲骑兵、重甲骑兵、龙骑兵、旗骑兵、轻甲步兵、重甲步兵、盾步兵、弓、矛手，各成方阵，三十几万大军，按青龙、白虎、朱雀、玄武的方位，向一片天边的洪水，漫向前方。

骑马兵俑

汉代

通高：30cm

作者收藏

辛巳抓牢自己的长矛，同时提醒郭井靠紧自己，他们是经历过战争的老兵了，不像那些头一次上阵的新兵，兴奋起来什么都不顾。他们知道，战场上当双方都举起刀矛时，死亡也会随时不经意地将你攫住。他们看见的死人太多了，虽然这次他们知道，周亚夫率领的中央汉军，是有汉以来，最为强悍的，特别是中央汉军的骑兵，往往像滚

铠甲武士俑

北魏时期

高：17cm

作者收藏

过的迅雷，当你听到如雷般的马蹄声时，你已经没有活命的机会了，如遮天蔽日般的箭和飞矛像冰雹一般飞来，插在地上比高粱秆子都密，人还能活？

然而，跨过一道高陇之后，广阔的地平线上，突然多出了一道黑线。汉军不由地立住了。辛已手搭额前，向远处眺望，当他看清这条黑线正在变成密不透风的人墙时，他倒吸一口凉气。

吴王刘濞这次率领的是楚王、赵王、胶西王、胶东王、淄川王、济南王七位诸侯王军队中的精华，特别是吴军与楚军，都曾是汉王朝抗击匈奴的主要军事力量。虽然在汉文帝时期，经历了吕氏篡位的事件后，在周勃的支持下，将吴、楚及各刘姓王的军队削减了很多，但各诸侯国都偷偷地私募军队，打造兵器，屯集粮草。这次以“清君侧”为名的军事行动，实际上也是各王生死的一搏，成王败寇，别无选择。

七国军队的士兵不断涌出，慢慢地双方的队形基本完成，广阔的平原上，几十万人对峙着，在正午的阳光下，飘动的各色军旗，发着幽光地甲衣，密密的长矛，人们像被裹进了一种湍流的气旋中，忘记了自己，也忘记了世界。

（四）

角鼓声响起，骑兵的冲击开始了。双方骑兵分冲锋和射箭、投矛两部分。当对方骑兵冲到投手、箭手可射及的距离时，箭和矛飞速地投出，瞬间对方骑兵倒下一片。然而，后面的骑兵似乎对此不屑一顾，继续像涌动的潮水一般，一波又一波地冲上来。地上的人与马的尸体很快堆成了一道道需要后面的人费力地跨过的尸垄。

在你来我往的十几次冲击后，双方的骑兵死伤惨重，骑兵的方阵也残缺不齐。这时，汉中央军的骑兵队阵向两边拉开，露出了由几万人组成的前后左右相距百步的十几个方阵。在上百面大鼓的轰击下，士兵们每走三步，就用长矛跺击一下地面，大喊一声，几万人合着拍子，黑色的方阵，在震耳的喊声中，缓慢而慑人地向对方逼去。

对方的步兵方阵也开始迎击，一场可怕而惨烈的残杀开始了。

（五）

辛已和郭井靠得很紧。以往的经验告诉他们，在近距离的格斗中，能得到别人保护，身后不被偷袭，生存的机会就会大很多，所以当两军完全冲在一起时，辛已和郭井马上背靠背，各自伸出自己的长矛，不停地喊着号，慢慢

黄釉武士俑

隋末

通高：52cm

作者收藏

军士立俑

初唐

高：55cm

作者收藏

军士立俑

初唐

高：55cm

作者收藏

地旋转着前进。周围不时有长矛刺来，他们用矛将其挡开，在背靠背旋转中，不停地将矛刺入靠近的人的身体里。对方的脸在他们面前痛苦的狰狞，血飞溅出来，空气中充满了湿湿的腥气。他们并不急于冲击，他们只是不停地用矛为自己划出一个生存的空间。

夕阳的残红，使人眼中的鲜血也似乎平常，惊心动魄之后，人们变得麻木与平淡。当辛已和郭井听到自己队伍得胜的欢呼时，他们看着对方，只有一个念头，这次没死！

喉头紧的咽不下唾液，手和腿都在不停地颤抖着，他们背靠着背，用长矛支撑着，周围死尸交错叠压着，有些肚子被挑开，肠子流的哪都是，还隐隐冒着热气。一些受伤的兵士，呻吟着，嚎叫着，爬着找寻自己失去的胳膊和大腿，被血染红的黄土地斑斑驳驳。战争让人们身体不堪一击，刚刚几十万健康的男人，变成了一堆堆支离破碎的肉体。

随着不停的号角，活着的人们，缓缓地向将军的红黑色中央大旗靠拢。天渐渐黑了下来，饿了一天的士兵们烧起了一堆堆篝火，后军送来的整羊，被架到了火堆上烤了起来，香气伴随着烟，浓浓地升起。辛已和郭井，抱来一坛酒，拍开封泥，找了两个头盔，倒满，端到嘴边，一股辛辣流入心田。入冬的风吹得火不停地飞来飞去，人们睁着没有表情的眼，不停地向嘴里塞着羊肉，灌着酒。在黑黑的夜里，一堆堆篝火，一群群活着的人和周围一片片倒在地上新死的人。

辛已悄声问郭井：“我们杀了几个人？”郭井颤动了一下：“五个。”那种利刃刺入肉体后的手感和对方的嘶叫，使他们感到了来自心底的恐怖。

（六）

得胜的汉中央军，在长安城外，由大将军周亚夫率领，向汉景帝报捷。几十万军队排列整齐，这次的军服统一发放，显得整齐、鲜明。皂色的半长袍，衽口、袖口、额带，都是鲜红的朱砂布，黑红相间，加上猎猎作响的五色军旗，令人震撼和兴奋。

六匹汉血马驾的天子车舆及御卫车队，一路扬尘而来。汉景帝刘启，一手抓着车扶，一手捋着胡须，看着这整齐的队伍，一股豪气从心田涌出，他大喊："大汉的好男儿，永胜，永胜！"几万人高喊"天子万岁，万岁，万万岁！"

刘启将周亚夫叫到车前说："我大汉的百胜之军，盖世长存，我将连同将军共塑军阵，今后凡大汉功臣，今生来世都不离不弃。"并吩咐边上的大臣："今后功臣战功除在阳间封邑外，墓地可随葬军士陶人，以这支常胜军为模型。"自此，从中央到各州、郡都会将陶军士、陶将军作为封赏，给一些有功的官吏、军官颁发。

于是，许多成阵形的陶骑兵俑、步兵俑，被塑造出来，连头上的额带、脖子上的汗巾、箭囊、厚靴等都按汉军模样绘上红、黑颜色，随葬入墓，成为大汉王朝黄土之下的巨大军队。

（七）

辛巳和郭井，都如愿以偿地得到了八百钱和一匹马，在他们回村子的路上，送葬的人们一拨又一拨，平原上又新立起了一片片黄土的坟头，辛巳和郭井低着头，在炊烟的黄昏中走进了渐渐模糊的村庄里。

马说

从洛阳近年出土的“天子驾六”，到已是国宝的唐太宗的昭陵六骏，马伴随着东方民族生生息息。其实，马不光是东方民族喜爱，它应该是世界上与人类生活最为密切的动物之一。各国都有良种骏马，马和人一配，英雄之气就出来了。骑兵军团、扬刀跃马，这股子豪气，恐怕是全世界男人的梦想。然而，在正统的中国古雕塑中，寺庙、洞窟、各类石雕中马的比例却很少，能雕出色的就更少，即便是“昭陵六骏”，其精彩程度也比不上陶马。可以说，就马的题材的雕塑，唯陶俑类水平最高。

在陶俑收藏中，马的品种最为多见，民间的收藏中，此类收藏水平也最高。最近香港举行了一个以陶马为主题的收藏展，就非常可观。无论是红陶、灰陶、黑陶，瓷的还是上釉的、素胎的，各时期，各种造型的马，数量极大，又以白陶和唐三彩最为精彩。

从陶马的制作上，也能看出我们民族在马的品种上的几次融合。秦兵马俑的马，从造型上看有西域马的成分，个头适中，头小而体态匀称，估计和秦人久居西部有关，而且秦人祖先是以养马为业的半放牧半农耕民族。到了汉代，虽然卫青、霍去病、周亚夫这些大汉名将都以铁骑军团的赫赫战功而千古流芳，但汉代出土的马匹大部分头大、低矮、四腿粗壮、马尾很长，从造型上看是蒙古马种。这种马适应性强，有耐力，虽然汉代文献中一直有什么汉血马、龙驹的记载，甚至汉武帝以《西极天马歌》中“天马来兮从

骑马俑

唐代

通高：30cm

作者收藏

西极，经万里兮归有德”而赞美，但从大量出土的汉马看，当时主流马种应是蒙古马，即便是中外驰名的“马踏飞燕”，也应是蒙古马的造型。三国两晋南北朝时出土的马俑大部分也是小个子，虽然马身上的装饰追求豪华、繁复，但马种没有明显的变化。而到了唐代，马发生了重大变化，唐代出土的马最多，也最漂亮，材料的品种也多。白陶、灰陶、三彩、青瓷、铜、石的都有，大部分都是小头立耳，身高瘦而腿长，有阿拉伯马的特点。现今马术比赛的那些洋马，都极似唐马俑的造型，这些马不光高大、俊朗，而且速度快，但史料中唐军有名的骑兵将领却并不多见；而且从历史上看，似乎也没有了类似汉代大规模骑兵军团千里奔袭的记载。我曾看过一篇论述马匹的文章，其中提到阿拉伯马时说，虽然这种马匹高大俊美，但耐力不足，而且必须有精细草料，按我们的话说是比较娇气，这极高的使用成本，也可能是唐军无法形成大规模且有战斗力的骑兵军团的原因。但唐马的漂亮，却在世界享受盛名，大型唐陶马、大型唐三彩马，都曾创造过近千万的天价。

宋代的陶俑已近暮色，出土的宋马更是寥寥无几，估计面对金、辽、西夏这些马背上的民族，宋军的骑兵也不会有太大的作为。从四川地区出土的宋代陶马看，大部分已变回低矮的蒙古马种，并且一直到了元、明。蒙古马种，是一种既有耐力，又好饲养的优良马种，虽然比不上“洋马”高大，但却很实用。据说当时的西夏、辽、金的骑兵，大部分就是这种马，当然最让它们露脸的还是成吉思汗的蒙古铁骑，这支骑兵军团横扫了欧亚大陆，当时的欧洲各国军队一听到蒙古骑兵来了，只有撒腿就跑的份儿，欧洲的高头大马，根本不是这些蒙古矮马的对手。但这种蒙古野马，因为保护不善已从地球上绝迹了，不能不说是一种无言的遗憾。

马，被人们驯化，成为人类走出自己视线的工具，让人类知道了外面的世界，甚至改变了许多人类重大走向。

在收藏陶俑中，陶马是一个非常重要的品种；在世界雕塑作品中，马是仅次于人的雕塑对象。汉马古拙，南北朝马俊朗，唐马飘逸传神。一般讲，汉代陶马灰陶居多，南北朝、隋唐红陶居多，除唐三彩马外，陕西、河南的白陶大马，山西长治的硬胎马及四川的大陶马都是收藏者追捧的精品。

然而，在收藏经历中我却总是没有马缘，失手、走宝，后悔不迭的也都是几件马俑。

1997年，朋友送来一匹三彩釉马，这匹马有大约70厘米，在唐马中就是大号的了，马身高大魁梧，胸阔臀圆，身上浇黄、绿、白三色釉，流淌得美丽、自然。马身上饰物华丽精细，辔饰齐全。最为难得的是马鞍上披一蓝色毛毯为鞍袱。好家伙，三彩挂蓝，精绝之物，看得我两眼发直。

朋友间谈转让，最是难受，两人碍着情面，谁也抹不开脸儿，一个不好意思砍价，一个不好意思说价，这事就没定下来。我当时想，不行我找个第三者打打圆场，两人都好说话。正巧单位有事，就搁了几天。没想朋友来电说这匹马被一广东人看上了，一张嘴就在六位数上说价，很快就成交了。放下电话，我恨不得自己打自己几下，真的三彩不多，三彩的马更少，这么大个儿又挂蓝的马更是少之又少，怎么就没留下呢。哎，收藏不信缘分不行。从此之后我再也没见过如此精美的三彩马。

2000年时，朋友打电话，说圈子里有一匹白陶唐马，品相一流，张嘴，抬蹄，没有鞍子。这位朋友收藏高古陶瓷多年，眼光之高，在豫、鲁两地也数得上了，我知道这马肯定不错；朋友和物

牵马俑和马

唐代

马高：45cm　俑高：20cm

作者收藏

主关系很好，一手托两家，价格也很公道。我虽然没见东西，但我想像这匹白陶骏马会圆了我想有一匹好马的多年之梦。五天后东西托人送来，双层纸箱，包装极其地道。我高兴地打开纸箱，心咚咚跳，小心翼翼地抱出了这匹骏马，去掉软纸包装之后，我呆住了，怎么变成了一匹灰陶的骆驼？好半天没缓过神儿来，抄起电话，还没找出朋友的号码，朋友的电话就打过来了。原来这批东西共两匹马（一匹褐釉的）三头骆驼，分别发我这儿和武汉。由于箱子一样，装好之后不知怎么就阴错阳差将骆驼给了我而那匹白陶马去了武汉。那边一看这马哪里还肯还回，在我给的价格上又加了一成，钱都汇到了。朋友一再道歉，并言明骆驼奉送，算是赔罪。事已至此，还能说什么。后来和朋友见面，从数码相机里看到了这匹应该属于我的马。那真是精品、神品、绝品，绝不逊于那件在拍卖会上卖了93.7万美元的白陶唐马。

说来收藏陶俑已经15年了，竟没收到一匹好的唐马，不能不说是一件憾事。

牛车

历史上文人变法改政，多不成事，最后又扛不起个“死”字，或服、或降、或离、或弃，落个软骨头的名号。

一些文人缺少骨气，关键时掉链子，于是才有了“秀才造反，十年不成”的说法。文人怕死，多是因为太聪明，太有文化，道理虽偏却也非怪异，与无知无畏的平民百姓相比，他们太爱惜自己的羽毛，像男人们过于关注自己的相貌一样，透着扭捏、酸腐、矫情。当然也有铮铮铁汉，但终归绝少。

一个时代，文人的风气往往引领时代的风气，而这种风气必将充盈这段历史的内涵。

综观中国历史，有一段奇特的文人现象，挺有意思，而正是这种现象，成就了本篇的主角——牛车。

“迂诞浮华，不涉世务”，“褒衣博带，大冠高履，出则车舆，入则扶持”，养的“肤脆骨柔，不堪行步”。这是北齐文学家颜之推在《颜氏家训·涉务篇》中对当时文人驾车与游玩，对酒当歌，放浪形骸的描写。

魏晋南北朝时期，文人阶层缺少上升通道，满腹的治国安邦大策，无人喝彩，无人理会，于是文人们行为就开始怪异、荒诞起来，或装疯卖傻，或挥麈谈玄，除一些大文人是心里明白，借疯说话，借酒隐情外，一些没多少文化的伪文人们也大谈玄学，故弄玄虚，成了嘟嘟囔囔、自言自语、做作的扭捏之人。于是，就养成了一些文人男不男、女不女的穷酸毛病。

当时的大文人，如竹林七贤、王羲之、陶渊明等等，或泛舟月夜，或夕阳时分在加宽的牛车上摆酒，斜倚在吱吱呀呀、晃晃悠悠的牛车上，吟写出了许多流传千古的诗歌文章。这种风气竟也像今天歌星一样，引来无数的“粉丝”，许多家富但学问不大的伪文人也争相置办牛车，在车上喝酒放纵，虽然也醉的不醒人事，但除了丑态，什么也没留下。这种只学其形、独缺其神的模仿，古今一样，其实也挺无聊的。

经文人的这么一折腾，牛车还真提了神儿，自两晋到隋唐相当普及起来，除代表财富外，还带着时髦的色彩。

20世纪八九十年代，出土的陶牛车不计其数，大的、小的、挂釉的、不挂釉的，品种非常丰富，奇怪的是马车却十分少见。古人十分重视车的象征意义，春秋战国之时就曾以车作为衡量国力的重要指标，故有“百乘之国”、“千乘之国”一说，这个车是指用于打仗的马车。马车一直高贵于牛车，但就是这一直是寻常百姓家使用的牛车，在南北朝时走了好运，吃了大香。有些隋前时期的牛车出土时，光车边拉车、驾车、跟车的人俑就有好几个，这样的牛车绝不是寻常百姓家拉草的牛车，成了文化的外套，像今天的学历、职称，有些货真价实，有些则徒有其名。

记得上世纪90年代中期，河南、山西、陕西经常出土各类牛

汉代牛车

汉代

牛车长：48cm　宽：20cm

作者收藏

南北朝牛车

南北朝时期

车通长：47cm

作者收藏

陶牛

南北朝时期

长：20cm

作者收藏

车。当时牛车都是论堆儿卖，大多是破损的车和牛，不管能否对的上，每堆儿一个价，有时怕对接不上，就多收几堆儿，然后，一块块的对。经我手修好的牛车就有多辆，牛车让我练就了粘修陶器的基本技能。后来牛车就突然变得很少了，除赝品外，一些乱拼的牛车出现在市场上，有些车舆（车厢）竟然是由陶井改造而成的。汉代的牛车最为朴实，结构方方正正；南北朝、隋唐时期的牛车最为华丽而多样，有长角的牛，高顶的车，有连车夫一同塑于一块托板上的，有挂釉上彩的，更有在牛身上贴塑各类花纹、装饰，甚至抹金的。一驾极品的牛车，牛精神，车华丽，风度高贵，大气而文雅。

唐代之后，牛车极少在俑中出现，牛车退出了文人的圈子，又回到了乡间的小路上，直到今天。而南北朝、隋唐众多的牛车则被人们竞相收藏，摆放在书房、厅室，依然飘逸着狂异文人放浪酒歌的余韵。

驼出来的辉煌

过去，北方的一些城市，特别是京津地区，20世纪50年代还能看见拉骆驼的。记得小时候，看见有拉骆驼的，总爱跑过去看骆驼。其实，骆驼并不好看，身体的曲线起伏的让人别扭，一看就想起罗锅。而且很多骆驼身上的毛一撮一撮的，坑凹不平，有些丑陋。但骆驼的眼睛非常漂亮，当它看你的时候，长长的睫毛下，大大的眼睛，温顺而善良。食草类的动物眼睛都非常漂亮，像牛、马、羊、驴，当然还有骆驼。小时听大人说，骆驼在沙漠中可以几天不喝水，因为背上凸起的驼峰里面藏了很多的水，所以不会渴。后来看书知道，驼峰里都是脂肪，骆驼耐渴性强，但绝非不渴，只是能忍，这才被人们利用，成了沙漠之舟。

骆驼吃东西极香，当拉驼人将食料放在地上时，骆驼会不慌不忙地将食料抿入嘴里，嘴唇左右挫移，上下唇不停翻动，鼻孔张开，食料在嘴中擦擦地响，一些白沫在嘴角翻动。小时候专注地看着骆驼吃料，吃的如此之香，之诱人，往往直看得自己肚子叫了起来。

记忆中的骆驼，首先是一双极善良的大眼和嚅动的嚼食之音。

后来，骆驼消失的比马还早，现在农村还可见到马、骡、驴的，但骆驼却已非常难见了。

当年老舍先生写的《骆驼祥子》，让骆驼的吃苦耐劳有了人性化的形象。

在陶俑中，骆驼最为常见，从两汉时出现，到南北朝时不断

白釉骆驼

隋代

高：34cm　长：30cm

作者收藏

增多，直到唐代达到顶峰。各类骆驼成群出土，三彩的、青釉、白釉、白陶、灰陶的，小的七八厘米，大的一米以上。而且骆驼上，大多都驼着鬼脸包（或叫兽头包）及各类货物，有鱼、有肉，甚至驼着一支胡人乐队。

世界上的骆驼基本有两种，俗称单峰的和双峰的。单峰的比较高大，在沙漠中能走能跑；双峰的四肢粗短，适合在沙砾、雪地上行走。在我国，骆驼很早就被驯养成家畜，汉代时有“乃非驼难入漠”的说法。唐代时，沿丝绸之路的驼队更是络绎不绝，甚为壮观。

汉到隋唐，丝绸之路开通，当时经商的大多要拉着骆驼跋涉很远，自然，时间也很长。在古代的交通工具极不发达的情况下，投封家书是一件很奢侈的事，以至于当时人们羡慕大雁，其思念是极苦的，自然也极悱恻、极真挚，这也成就了两汉、魏晋到唐的各类文学，而其中很大部分是以思乡、思念、思情为主题的。

由于有了能行千里的驼队，才有了长年不归的男人和倚门而望的女人，这生死离别的情感，一直是我们先辈最深的痛。

商业的发达，骆驼成为商家必须的工具，也成为了财富多少的具体体现。

骆驼载人俑

唐代

高：33cm　长：28cm

作者收藏

牵驼俑和骆驼

唐代

驼高：70cm 俑高：28cm

作者收藏

三彩驼和牵驼俑

唐代

驼高：67cm　俑高：40cm

作者收藏

三彩胡人背猴骑驼俑
唐代
驼高：67cm
故宫博物院藏

在开掘的唐代墓葬中，骆驼的数量极大，一些墓中，将成百上千的骆驼入葬，一个墓的墓道两边及耳室中，排列着巨大的驼队。人们希望，这些驼队会给墓主人继续驼来源源不断的财富。

骆驼俑中，最具特色和价值最高的是唐代的三彩骆驼俑。在唐三彩中，骆驼和马是制作最精细的产品，高大的都在80－100厘米，三彩骆驼昂脖张嘴，极具动态，加上雄骆驼的鬃毛飞扬，临风长啸，极为传神。收藏陶俑，三彩骆驼、马、仕女三样，最能代表收藏者的水平和实力。

但三彩骆驼、马的赝品很多，水平也较高，目前市场上绝大部分都是赝品。

说起唐马，三彩、挂釉的马和素陶马各有特色，应是平分秋色。而骆驼，素陶的比三彩、挂釉的就差了很多，但有些大型的陶骆驼也很精彩，只是极为少见。隋代的青白釉骆驼，南北朝时期跪驼，唐代大型陶驼，都是除三彩外应特别关注的品种。

大型骆驼都配有牵驼俑，大部分是胡人，有些牵驼俑动作逼真，捏塑精美，也应是不凡的藏品。

原本在北方随处可见的骆驼，如今只能在动物园中才能寻觅，而这些驼着人、驼着物，驼着离愁、驼着希望，默默跋涉于沙漠荒凉中的骆驼，只剩一片夕阳中的剪影和悠悠远去的驼铃。或许可以说，是骆驼用忍饥忍渴的辛劳一生，驼出了古代汉唐的灿烂辉煌，将世界驼给了东方，又将东方驼给了世界。

千百年默默服务于人类的骆驼，生于辛劳亦死于辛劳，让我们看见它们和想起它们时都无言以对。

陶棺之谜

陶俑收藏，这几年是放开了，甚至一些大城市的古玩城公开摆上了大大小小的陶俑出售，这其实是非常好的事情。一个民族，一个国家的文化遗产，如果连自己的人民都敬而远之的话，结果是可悲的。西方一些国家，文物政策的出发点就是如何千方百计地让文物和人民无障碍的接触，只有这样，文化的传承才有可能不是一句空话。

记得上世纪90年代时，要收个陶俑还很神秘。北方一些农村，有些人家在挖水渠，整田地时，挖出了古物（其实农村中当时也没有多少人家愿意专职去盗墓），或下雨后，古墓塌陷，一些老乡家也就有了一些出土的文物，出土最多的就是陶器。一般出土大陶瓮里面都有铜钱。我曾见到出土了整个三大瓮的铜钱，有几百斤重。农民不懂，专挑个大的钱留，而真正稀有的汉唐、南北朝古珍币都被一些贩子便宜地收走了。

农民捡到陶器，开始一般是丢弃，后来知道能换钱，就拿回家放在杂什间内，甚至在一些农村还会继续使用。我到山西一个山村，在一户山民家中看到其使用的枕头竟然是宋代磁州窑白釉剔花枕，而且一使就是五六年。说的也是，只有北方烧火炕，枕瓷枕才称配套，你用软枕还真不舒服。

当你行走在这广阔的中国大地上，你才能真正体会到陶俑、陶器的庞大和当初它们与人的生活密切的程度。在一些地头田边，一

盾牌

宋金时期

盖长：86cm　宽：40cm

作者收藏

堆堆的陶片都是几千年前的遗存，而雨后土地上那些密密的瓷片，可以从唐一直到清，完整的陶器也是不胜枚举，大到两人合围大小的陶鬲、陶瓮、陶仓，还有一些远古时期的小型陶器，那古朴的造型上甚至还有远古人刻上的类似符号的痕迹。今天想来，真是珍贵。

各类出土陶器千奇百怪，博物馆里那些陶器与之相比也只是沧海一粟，九牛一毛。民间出土的陶器不光多，而且奇，凡与人有关的，与生活有关的，无所不有。只要你运气好，很多稀奇的东西，都会在民间碰见。我收藏至今的这具陶棺，就是碰巧得来的。

那是一个初冬的夜晚，我们路过晋南的一个镇子，乍看到它，着实把我吓了一跳，由于是黑天，借着昏暗的灯光看去，一具灰陶棺材立在那儿，气度不凡；隐隐约约的四周塑着高浮雕人物，让我断定此物非同一般。

用手掂了一下，份量很重，证明陶的密度很大。仔细端详，又看到陶棺旁立着一个很大的东西，翻将过来，是一具雕塑着皮条装饰的陶制盾牌。问物主，物主说是棺材盖。我心中一动，知道碰上好东西了。

我强忍着心中的激动，假装平静地和物主侃价。这东西一是太重，得有百十斤，他们的行话叫笨货，不便运输；再一个他们压根儿就没搞懂这具陶棺的品级。只是一个劲儿地说，从未曾见过这么个玩意儿。当地人们也未重视，真是缘分。这具奇怪的充满悬念的盾牌盖子棺材就成为我最得意的藏品了。说来已是十年前的事了。

直到今天，我看着这个少见的陶棺，就会浮想联翩，不由自主地设计一个故事，因为它身上传出的信息太丰富了。这具陶棺最特别的地方是两面有着情节化故事的高浮雕人物，两个主人拢手而立，两个侍从，边上还有两个骑

陶棺

宋金时期

棺体长：60cm　宽：32-35cm

作者收藏

陶棺

马的人。从装束上看不像汉族，但棺底又有两层莲花状的台基，有宗教的含义。其中最为奇特的是，那盾状的棺盖和棺门的设计。

棺盖由三横一竖的皮条加钉的盾牌组成，盾的顶部是五个中高边低的冠状装饰，整个盾呈半圆状，正好和棺身的上部吻合。棺前部的对开门上有18颗门钉，两门环、门框、门柱、门楣俱全，门两边各立一门童，棺后亦有一

陶棺

门，除没有门童外，与前门相似。因为此棺离开了出土的地方，一些基本信息已不可考，但其奇怪的雕塑用意仍然意味深长。为此，我一直想为这具陶棺写点什么，在我已出版的《感悟陶俑》一书中，曾给它写了一个将军别妻的故事，但这具陶棺仍如烟似雾地朦胧着。有两点可以肯定，用盾牌做棺盖必和战争有关，而在棺边上雕塑的这些具有典型指向性的故事情节，又必然和生活、和平有关。

用盾牌做棺盖，置入了惨烈战争的结果，连接了将军的遗骨与金戈铁马的壮烈和气节；而缠绵的生活场景，精致的浮雕设计则是融入了亲人对生活的百般眷恋和悲痛欲绝的诀别，生死两茫茫。这集庄严与期盼的精美陶棺在静寂的地下，伴随默默的黄土和一季季悄然的野草和野花，静听着偶尔由微风带来的声讯。

成百上千年就这样飘然寂静地过去了，待陶棺穿过千年放在我的面前之时，复活过来的信息像不停传递的波形，虽然还不能破译，但却分明感知了冲击，这其实才是收藏时最拨动心灵的感受。

陶棺想告诉我们的是生活的希望，是柔情，是平淡，是真实，透着无限的追求；却分明又告诉我们的是战争的无情，是厮杀，是激烈，是血腥，透着阳刚的冲动。战争与和平，平静与躁动，生与死，在这具陶棺中相互交织，互相缠绕。

这具陶棺，静静地摆在我的面前，穿越时光，它已面目斑驳，伤痕累累。入土出土，物是人非，岁月的长河流逝，“逝者如斯”。此意蕴，让我的心又攀上了烟云密布的崎岖山道。

盾牌盖长86厘米，宽40厘米。

棺体长60厘米，宽32–35厘米。

灰陶手工制作，十年前从晋地收购，一直收藏，我想为它写部小说，正在构思。

宋人宋俑

经过诸子百家、曹氏父子、竹林七贤，送走了李白、杜甫，这中国文学到了宋朝却聚成了一股气息，也才有了流之于世的味道。从“竹杖芒鞋轻胜马，谁怕？一蓑烟雨任平生”的苏轼之吟啸，到“寒蝉凄切，对长亭晚，骤雨初歇”的柳永的冷落；从寻寻觅觅的李清照，到寂寞无主的陆游，宋人还真清晰地找到了汉文化人的感觉。

褪去了汉唐文人士大夫的霸气，宋朝文人以清瘦羸弱而又顾影自怜的形象，给能遗存到今天的宋俑蒙上了一层特别的色彩。

在我国历史中，宋代是一个非常奇特的朝代。至今史学家、文学者、美术史家、说书唱曲的，对宋代众说纷纭。宋代是一个充满了矛盾和不协调的朝代，北宋和南宋是没断血脉的相承，“坐”了320年的天下，完全不同于西汉和东汉；宋代是正根儿上的汉民族中央集权；宋代留下的文学史料是极为丰富的，除浩繁的宋诗、宋词外，后人编写的就更多了，有《宋史》、《续资治通鉴》、《宋史纪事本末》、《宋人轶事汇编》等等；宋代时发明了活字印刷、指南针和将火药广泛应用于军事，这三大科技成果，为世界文明做出了重大贡献；宋徽宗赵佶，是中国皇帝中最有美术天赋的皇帝，他的绘画及独特风格的“瘦金体”书法一直影响中国的美术，为水墨书画带来了儒雅之风；而张择端的《清明上河图》更是将北宋汴京的繁华形象地留给了历史；宋代产生了中国陶瓷上的五大名窑，至今仍是陶瓷烧造上无法还原和超越的高峰；宋人对清雅色彩的独特审美和体会让世界为之赞叹。

但宋代又是一个军事上的弱国，虽然赵匡胤用兵变夺了后周的天下，但宋代的军事一直积弱积贫。北方的契丹、女真、党项等游牧部落视宋为一块肥肉，攻侵不断，特别是女真族的金国，更是将赵佶、赵恒俘虏，迫使宋朝迁都。宋朝的军队最无能，将领最能打败仗，大臣主降派最多，奸臣自然也最多，于是，宋代成为了一个出名臣、名士、名将、奸臣、懦夫、内奸的朝代，岳飞、王安石、苏东坡、秦桧、蔡京、贾似道，还有那位经历最离奇的皇帝赵㬎，做过皇帝，当过俘虏，在蒙古草原生活过，又在吐蕃（西藏）学习佛法成为高僧，其传奇性在古代皇帝中前无古人。

像宋代文人一直在“仕”与“不仕”之间凄美地痛苦着一样，宋代的陶俑也突然发生了变化，你会发现，沿黄河一线，陶俑在历经了唐代的辉煌后，到了宋代，一下子就沉寂了下去，虽然四川地区出土的宋俑仍然非常普遍，但北宋汴京（开封）、南宋杭州都没有发现大规模的陶俑陪葬墓。在陶俑的历史上宋代是一个由盛到衰的重要分界线。宋代的墓葬陪葬方式发生了变化，出现了纸制的

陶俑

宋代

高：36.5cm

作者收藏

明器，并开始了焚烧纸制明器的墓葬方式。宋赵彦卫《云麓漫钞》：“古之明器……今多以纸为之，谓之明器”；又孟元老《东京梦华录》：“诸门纸马铺，皆于当街用纸衮叠成楼阁之状。”这些记载都说明了宋代的墓葬方式发生了重大改变。即便如此，宋代的陶俑依然有其鲜明的特点，出现了一些具有地域特色的陶俑，特别是四川地区的俑更加具有了丰富的市俗倾象，如男女拥抱俑、男女卧床俑、厨饮俑、肩舆俑、梳妆俑、哀泣俑、跪拜俑、戏剧俑、人形化的四神俑、覆面俑等，完全不同于其他时代的陶俑，当然还有数量很大的瓷俑。

我收藏的这八个宋代陶俑，是在山西收到的。据说，这八个陶俑是从一个残庙的地基下挖到的，农民将这八个沾满泥的陶人用水洗干净后，放到了柴房，后来村里有了专门贩卖古董的人，将这组陶俑带到了大城市的古玩市场，说来也怪，带来带去近两年，愣是没有卖出去，为什么？说是假的。八个陶俑，实胎手塑，头后插，胎坚、俑沉。贩子讲，城里人都说这俑胎太硬，没有土沁，造型说不准，最大的缺点是没有手。但当这组陶俑一摆出来，我还没说话，随来的山西当地的收藏家马上激动起来，这才是山西硬陶，这种陶俑只有山西才出，制俑之泥极细，有

陶俑

宋代

高：36.5cm

作者收藏

陶俑

宋代

高：37cm

作者收藏

些澄泥砚的感觉，用手一摸，细腻如肤，火也烧得硬，正因为此，红胎硬陶的宋代陶俑才独具了风格。当时北方的京津地区，玩陶俑的人不多，且大部分都只认识陕西、河南的灰、红胎软胎陶俑，和这种胎上的皮壳、土沁。乍一看这个光滑细腻的陶俑当然不敢认了，于是这才给了我一个后来居上的机会。

宋代陶俑，各地区之间区别较大，不像汉唐时期造型大致相同。四川的宋俑和山西的宋俑，造型、服装等有着极大的不同，山西的宋俑大部分受当地寺庙雕塑的影响，注重人物的脸部表情，而手部多用以粘接临时性器物。不光宋代俑，历代陶俑大部分手部都极简单，这是因为俑在陪葬时都要捧、拿一些入葬的物品或特定仪式的器具，武士还要拿武器、旌旗。所以既要考虑使用上的需要，又要兼具服饰模特和各种器具的底座等，由于在雕塑上有了特定的限制，陶俑的姿态就显得不太协调了，这点在鉴定时应特别注意。另外由于宋代瓷器发达，各大瓷窑都日渐成熟，烧窑技术水平比唐代有了飞跃的提高，宋代陶俑火候普遍好于唐代。

在瓷器、书画都达到了历史高度的宋代，陶俑的水平确实大大落后了，逐渐地从艺术品而退到工艺品的行列

陶俑

宋代

高：36.5cm

作者收藏

里。但宋代在中国历史上表现出来的强烈的文人气质，也给陶俑注入了文人的内涵；更由于宋代是秉汉唐之盛而开元明之先河，其俑的历史信息非常宝贵。例如在服装上，我国古代服饰史上有两次重大变革，与民族融合有着极大的关系。一次南北朝时期，鲜卑装在汉代士民中流行，而形成了“品色服”的官阶和服装的结合，最后形成了唐代的服装。而宋代是我国服饰的第二次大变革，随着宋代和辽、金、元的政权同时存在，三国的服饰进行了有史以来最广泛的交流，形成了汉民族服饰，这些都在陶俑上有十分具体的体现。而且，随着宋代陶俑继承汉唐以来陶俑的雕塑工艺，促进了中原地区墓葬中的砖雕、木雕、石雕及南方的瓷俑的极大发展，使有些艺术品种达到了最高峰，这不能不说是宋代陶俑的最大贡献。

收藏宋代陶俑是陶俑收藏中的一个空白、冷门，其中的北方宋陶俑、宋三彩俑的制作非常有特色。曾见到过非常漂亮的宋代三彩将军俑，有近一米高。四川地区的宋代陶俑也很有特色，据说一些四川的收藏家有这方面卓有成绩的收藏。宋俑最应该注意的是瓷俑，因为宋代的烧瓷技术已日臻完美，目前一些重要的窑场都有瓷俑出土，如陕西的耀州窑出土过成套的青瓷陶俑，制作十分精美，虽然个子不大，但能看出十分成熟的雕塑技艺。河北、河南、山西的磁州窑系也曾在宋代烧造过大量的俑人，一些佛、道教所涉及的题材更多。越窑、龙泉窑都有一些专门陪葬的瓷俑，而景德镇的青白瓷更是在烧造瓷俑上有所突破，其中十二生肖、牛车、马等，虽然比陶制俑小了很多，但仍不失精彩，其中多个窑口制造的很小的玩具类瓷俑，小巧玲珑，数量很大，是一种成系列的瓷俑。

宋代陶俑，虽然数量不多，地位也并不被人重视，但其味道如同生产它们的大宋王朝一样，儒雅而多情，含蓄而朦胧，有一股淡淡的哀怨和几分无奈的忧伤。

赝品与皮壳

赝品

应酬场合，往往是一桌本不熟悉的人坐一起胡侃，过后除特殊的话题外，一般都记忆不深。席间更多时候经常是两眼盯住对方，不住点头，但脑子却已木然，讲话之人嘴动倒似在打哈欠，讲的什么，全然不知。

一次，席间一位带着个孩子，四、五岁光景，父亲说起儿子的聪明，讲了个故事，说一次去买东西，买完后儿子趴在他肩头，在他耳边说："卖东西的骗你了。"他愕然，问儿子："你怎么知道？"儿子说："你买完刚一转身，那人就笑了，凡卖完东西笑的人肯定在骗人。"

当时，并未在意，夜间无眠，不知怎的，这孩子的话似尖风入脑，让人一琢磨就打机灵，后背发凉。童叟少妄语，孩子的话大部分是真理，皇帝的新衣不也是孩子引发的吗。朗朗白日，如果一个孩子都将笑视为骗人之象，诚信安在？我们为之骄傲的几千年中华文明，难道已堕落如斯？

诚信丧失，像三九天着单衣，身寒心冷。

收藏更是诚信的前沿。

收藏界有个非常可恶的陋习，卖了假货，骗了别人不以为耻，反倒沾沾自喜；一些作假贩假之徒，竟可把自己做的赝品蒙上拍卖会作为一种荣誉，成了吹牛的话资。古玩界买假了自认倒霉，卖假的洋洋得意，这真是咄咄怪事。

陶俑也是如此。

收藏陶俑的人很少，除去因这类品种不好升值外，可能与人们分不清真假有关。据说，河南是制造新陶俑的“始作俑者”，这不为怪，因为河南是出土陶俑最多的省份。

假的陶俑曾使一些博物馆的大专家们打了眼，此事在坊间传的有些离奇，着实让一些专家一见陶俑唯恐避之不及。

其实，陶俑的真假分辨起来，并非这么困难，只要不断实践、摸索，多看真品，端正心态，戒贪，一般不会打了大眼。这是老生常谈，跟说废话一样。

然而赝品确实使一些人不敢轻易踏入收藏这个领域，不论媒体如何忽悠收藏的增值奇迹。

赝，有一种解释即是“雁”字，指大雁一般成双成对飞行，借用此意专指仿制同样东西，以新当旧，一般只用于古玩字画行当。这是因为古董卖的是年代的久远，几千年的东西，物以稀为贵，自然就值钱，其实若论工艺、材料，当然还是现代的好。但古玩的价值并非在此，所以赝品必须用现代工艺仿出古代的工艺，先进的仿落后的，用极短的时间，仿出千百年的陈旧，着实不容易。

有朋友讲，收藏看东西之前，先让自己入定，然后冥想中进入遥远的年代，身处在既无电，又无机器的环境中，看不见高楼大厦，也听不见汽车电话，而是一片草房，几洼水塘，布衣草履，一肚饥荒。然后再看东西，如果在这东西中看见、闻见、听见了和年代不符的信息，肯定是时光错乱的产物。且不论这像气功似的鉴定方法是否管事儿，就这疑神弄鬼的入定就极难掌握。

有时你即便都准备妥当了，待东西放在你面前时，却还是迷糊，这是因为东西被人抹上了伪装，一些所谓重要的辨伪要点，全都变成了造假者必备的杀技。

有人看瓷器，讲究看底，摸圈足，好啊，给您接上老底。

有人看画，喜欢看纸、看墨和印泥，老纸老印泥老墨都对，但画是新人画的。

如此而已，从古至今，屡试不爽。

其实，古玩中打眼上当，极为普遍，人与物之间，人终归要占上风，物不论有多少伪装，但它摆在那，你围着它转，摸、掏、敲、咬、闻，可借助强光电筒，高倍放大镜，仔细研究，实在拿不准，不掏钱就是了，人永远主动，只要人是主动的，上当就不会永远。

人生中，真正上大当的是人与人之间的欺骗。人生活的环境是非常复杂的，于是，其语言、行为、动作、思想、性格，可能都会人为的伪装，双面人、双重性格、双重身份等等，也是一定意义上的赝品。人能够真正看透另一个人其实很难，能走进别人心中更是难上加难，特别是抹上利益这东西之后，就更看不清了。人生一世，要讲刻骨铭心，老揣着忘不了的就是被朋友出卖，上了别人当的那几档子事。

人最怕被人骗。

但人都骗过别人。

于是，人们想尽办法伪装自己，人的本真就异化成了赝品，原本的东西，变了样，让人看不懂。人生也就像收藏一样，时时提防赝品，时时提防上当，凡在人与人之间老想找便宜、捡大漏儿者，必上当寻辱。

有人讲，练好眼就不上当了。

练好眼，危险性在于有可能上大当。

因为层次不同，眼神好的专家、大收藏家对普品不屑一顾，只盯着精品、绝品，如此层次上的当必是大当，而能让他们上当的造假者，会有更高的悟性。

当下一些作伪高手，几百万的赝品自然就卖给这些专家、收藏家了，俗民草根还不具备这种受骗的资格。

同理，不同层次上不同的当。

因为上当不光缘于眼力，更有心智，人们最薄弱的其实是心，贪心使心智变得迷离，一念之差，概出于此。历史上多少伟人、英雄、大师、名人，因一念之差，而身败名裂者，多不胜数。

为此，上过假陶俑当的大专家们不必倍感郁闷。

我也曾买过不少假的陶俑，有些陶俑我也曾爱不释手，也曾对着它追古思今，感慨万千。今天明白了，我还是将它们摆进柜内，因为它们终是我的一段心路，像人生。

赝品是人生中躲不过去的，是宿命。

有赝品的收藏才是有滋味的收藏。

有赝品的人生才是真实的人生。

我有很多朋友，特别是一些年龄大的老者，收藏了很多赝品，然而，他们从不请人去鉴定，他们自信地围着这些赝品，憧憬着金色的未来，幻化出一个个美丽的前景。朋友圈内都不愿讲破，他自己也从不花大钱去买，大家心照不宣，他自己可能也内心如镜似的，只是当拿着这些赝品，对照百万、千万的拍卖图册时，这虚拟的财富，让他们着实高兴激动。

不知在哪本书上看到一个故事，一位老者，为了让不孝的儿女在他行将就木之前尽孝，竟用低价的赝品瓷器，编织了一个美丽的巨大遗产的故事。想想却是另一番滋味。

这些人们，常被别人背地里嘲笑。

但嘲笑他们的人，可曾想过自己的一生，如认真想过，可能就笑不出来了。

人生其实就是如此。

自欺才能平衡，自欺才能安宁，自欺才能幸福。

古玩小世界，人生大道理。赝品曾给大多数人们带来了巨大的快感和深深的苦恼。

千万不要讲破。

那么多老祖宗的传世至理，无非是告诉人们，如果要想活得安稳，活得从容，活得舒适，那就要用自己的智慧面对人生中各类赝品，而去实现不讲破，让赝品给自己带来快感的境界。

历史上，每一段的苦难亦或幸福，安定亦或动乱，对整个人类史，都不会特别说明什么。历史就像一条大河，无论河边发生什么，无论水中飘着什么，都会一往无前地流去，流过之后，就是遗忘，任何方向的风，以及某一段的涟漪，都不会对它产生影响。大河永远是大河，永远流着的大河。

人生短暂，苦、乐、哀、恋，只是自己感知而已。

如何对待生活中的赝品，最智慧者与最愚昧者，或大悟，或大不悟，但最后必将殊途同归。

而像我等这类平庸之辈，才会一会儿清醒，一会儿糊涂地自己折腾自己。

你只消把眼光抬一抬，多看个百十年，赝品就变得无足轻重了，甚至你还能感悟到什么，赝品倒成了自慰的物件。

收到赝品是祸不是福，还是是福不是祸，就永远讲不清了。

皮壳

年代久远的古物都会在表面留下岁月的痕迹，对此，古玩行内凡传世之物都称其为包浆，凡出土之物都谓之为皮壳，熟包浆，生皮壳。陶俑尽是出土之物，所以皮壳好不好，就成了鉴定真伪的重要指标。

上世纪90年代初期，有朋友送来两匹黑色胎体的大马，说是从山西出土的。马型大气，非常俊朗，个头大，精神足，可唯有这马基本上没有什么皮壳，虽多处断损，但胎硬如铁，与过去经常见到的红、灰陶的皮壳截然不同。围着马转了几圈后，对这如新出炉的陶马，犯了嘀咕，一打听价，高的吓人，且不肯放价，几经周折，难下决心，此马与我擦身而过。

后来，山西去的多了，知道了在山西长治，唐代时专烧一种硬胎陶马。当地是煤矿区，胎土含大量的煤矸石，一经烧制，奇硬无比，墓中之土，根本奈何不了它。加之山西少有水患，墓穴选址都很精细，设计高明，有些干坑，形成真空，出土的陶器自然光洁如新了。

山西陶俑，特别是晋中南一带，以唐代硬胎黑陶俑和宋金的硬胎红陶俑最为奇特，奇特之处，都是硬。因为硬就有了行刀的金石味，因为硬，也就有了与其他陶马、陶人不同的硬朗造型。

陕西的陶俑大气，河南的陶俑灵气，而山西的陶俑硬气。

玩陶俑的人少，懂陶俑的更少。虽然到处都有陶俑，但真正精品陶俑极为罕见，其概率甚至比明清官窑瓷器还少，精品陶俑，一俑难求。

顶级的陶俑往往皮壳并不开门，这也怪了，纳闷之余，想想也有道理。凡雕塑上品，胎质细腻，火候出色的陶俑，一般在当时就很贵，能买得起的，自然墓就修得不错，绝不会轻易摊上滑坡、水灌之灾。墓室的完整，随葬品也极少受土沁、水泡，那层所谓的皮壳，自然不会太厚。这对一般看惯了红、灰陶软胎，厚厚的土皮壳的人来说，看不懂，是自然的了。而新近造假出来的陶俑们到很注重皮壳，极厚的硬壳，似乎有不由分说，让人不信也得信的劲头；但那些泥浆池中作出来的皮壳，怎么看都像说瞎话儿的人，一脸的不自然。

其实，即便是上面说的硬陶，也绝不是没有皮壳，只是不明显，绝非不开门。这点务请细查。这类皮壳，虽然乍看似无，但仔细看，特别是放大镜下看，千年的皮壳，自然均匀，岁月痕迹历历在目，斑驳的让人舒服，和那些抹上去的速成皮壳有着天地之别。

皮壳真，俑必真。除防止组装件外，皮壳应是鉴定陶俑真假的物理性指标。造型、线条、刻画为艺术性指标。

皮壳决定着陶俑的真假身份，千年的洇蕴，才能有这身带着时光灵气的包裹。现实中，人活得久了，经事多了，能将寂寞与繁华看作没两样，心才是真正的静了下来，身上似乎也有了皮壳，不会轻易为凡事动情。而速成的皮壳，只是形似，原本为了卖出，所以是自己经营出来的假皮壳，像假文凭、假岁数、染过了的假黑发，以致于假政绩、假道理等等，只是想让自己尽快登台亮相，以赝充真。

瓷器的五彩蛤蜊光、青铜器的绿锈红斑、玉器的斑斓色沁、木器沉实润亮的旧包浆，都是古玩中让人怦然心动的视觉，这些和陶俑的皮壳一样，由千百年岁月磨砺上的沧桑，才使得它们充满了无尽的玄妙。当人们的心与这上千年而累积的包浆、皮壳对视时，才会有了轻轻的叹息和难舍的牵挂。

古陶、古瓷的材料大多都很低廉，然而就凭其身上这几千年的岁月，就动辄百万，甚至千万身价。即便如此，这万千金钱和无尽历史相比，还是轻了许多许多。

每个人生都是故事，有开头，自然也有结局，当人们极不情愿地进入坟墓时，只有陶俑能陪伴着，听着故事的结尾。这些故事被陶俑记住，等千年之后，再回人间时，它们会静静地立在那，等着人去解读、去开启、去聆听那些千百年前发生的故事。陶俑身上的皮壳，就是积累的故事，只要真实，必定精彩。

有时真想变成陶俑，只有这样，才能不死，才能历千百年而永存。当披着千年的皮壳再度来到人间时，物是人非，轮回往复，梦耶，醒耶，还真讲不清楚。

藏俑杂记

痛苦之俑

俑是痛苦的，因为它从一开始就伴随着死亡，死亡成就了俑。

不论“杨柳岸晓风残月”的朦胧，还是“锦瑟无端五十弦”的苦涩，也都会随繁华而逝去，变成了思绪中的一丝烟，在这影影憧憧不断叠加在脑海的模糊影像中，陶俑却最为真实，什么痛苦可能都比不上死，好死不如赖活着，与死亡相比，人们的痛苦都变得可以忍受。

在美学上，大痛大悲至美，是美学的最高层次，痛苦和欢笑是相比较而发生的，确切地说，是喜从悲来。

今天，人们看到俑的眼神依然是痛苦的。年轻的男女围在我的收藏品周围，当我告诉他们这些千奇百怪的陶俑是墓葬中的陪葬品时，他们不由自主地倒退，眼神中分明是一种恐惧，年轻人很少想到死，死亡和年轻离得很远，但灵魂是敏感的，冰冷的死亡，会给他们充分恐惧的理由。

于是我会说，“藏几百俑，时时读之，读乐时，大汗淋漓，毛孔皆通，浑身舒坦，喜之，乐之；读苦时，手脚冰凉，寒气皆生，心若寒蝉，上下不通，恐之，苦之”。

收藏了陶俑，就像收藏了矛盾，当人们恐惧痛苦时，陶俑会飞进你的头脑，给你无助的灵魂以形象化的帮助和安慰，人们也就人俑共处，而相互对视，心照不宣了。

痛苦是什么，陶俑会告诉你。

今天藏俑，是在体会现实中的古意，快乐中的痛苦，即便恐惧，却也真实。这些陶俑们伴随着你和我的先祖们，上天入地，沐沥风雨，生生死死，今天机缘巧合地到了我们手中，能看得懂——是眼，能听得懂——是福，能悟得懂——是造化也。

我看俑，俑亦看我。

快乐之俑

俑是快乐的，它是新生活的开始，是理想的实现。遥想当年，将相王侯，地主豪绅，贩夫走卒，都不惜大把的银子，塑造了一尊尊的泥胎陶俑。于是，一团泥土，被人为刻画成各种模样，或丑或俊，或高或低，或胖或瘦，或男或女，有刀法犀利者如行云流水，水银泻地；有刀法拙重者如伏身潜行，劲道充沛。无数的俑和人一样，或骑马风光，或劳作辛苦，或戍边征战，或服侍主人身旁。然而不论怎样，自打埋入地下的那一刻，俑就开始了它的生命周期。俑在地下什么样？要我回答，我会说肯定快乐！他们男女相配，各司其责。静谧的地下，估计也没有这么多地面上的肮脏，快乐而幸福地过上千年，地下才数日，地上已千年，也未知。

白釉人面镇墓兽

隋代

高：30cm

作者收藏

凡是被盗挖，或被挖掘机推出来的俑是痛苦的，结束了它们熟悉的生活，家园被毁，它们被文物贩子卖来卖去，扭断了胳膊，碰断了双腿，然后随意地用刺鼻子的化学胶水拙劣地粘上，横七竖八地扔在那里，没有谁会多看上几眼。俑像被贩入青楼的才女，空有上千年的人世沧桑，也全然无奈于这个冷酷的世道。

当年去北方一些省份买陶俑，听到一些盗墓之徒感叹找不到大墓时，心中却倍感释然，甚至盼着他们永远也挖不到陶俑才好。幸福的陶俑会有很多，它们依然在地下平静地巡弋着封闭的世界，它们透出的气场会感召着、抚慰着那些飘荡的灵魂。

“几千年的时光，从人到俑，从俑到人，两种境界，两个空间，俑会告诉我们很多，极其真实，但人类都不相信。人类穷其一生为之奋斗的，往往一堆黄土而已。”

俑是快乐的，与那些在芸芸众生中混生活的人相比，它们少了被欺骗的话语，没了人与人用金钱才能碰出的火花，更无需苦恼、无奈地处关系，简单就是安静，安静才能幸福。

有人会说，俑是没有生命的，你想拿它说什么事?

君不见，白云苍狗，光阴荏苒，一代代的人早已化作烟，而留下的只有陶俑。

个性化的艺术

陶俑是个性化的，陶俑不是“国际脸”，陶俑按地区不同，脸有着很大不同。在敦煌莫高窟的泥塑造像群中，有一类雕塑特别有意思，即供养人雕像。它们往往在本尊主佛的旁边，双手合十，据说，这类雕像是给那些捐银子造洞窟的人做的雕像。人们出了钱，自然恨不得能借佛的庇护早日成道，这其实也是很多王朝修建大型石窟和庙宇的动力。不论任何教派，进入中国后，发生的变异大多都加强了人死后世界的学说，人被分为实际肉身生命和死后精神生命两部分，宗教大部分就是建立在解释生前和死后的关系上的。肉身世界做的好事，行的善举，必将在精神生命世界中得以实现；反之，肉身生命时段的恶事，也必将在精神生命世界中得到报应。这种平衡化的人生，体现了东方化的智慧和哲学。由此可见，在陶俑中那些个性化脸谱的陶俑们，肯定也会有着真人模特的，这个真人模特是谁？是工匠，是出资人，亦或是工匠的心上人等等，今已不知，但如此庞大的个性化脸谱肯定是由同样庞大众多的真人作模特的。

由此，不禁使人想到，人活着，都想留个名，往小里说，人们走过一个地方，偷偷地在树上刻上个“王二到此”，往大里说，名人大腕，折腾半天，还不是想在世界上留下个名字而已，不然又是印手印，又是做铜像的，干什么呢？然而，陶俑们捂着嘴告诉我们，这都是瞎掰。几千年，成千上万的名君名臣，风流才子，又有几人能被人记住，即便是写在史书上的，平常人除了考历史背书之用，过后立马忘得死死的，就如同当初出钱让人塑成菩萨的赞助人一样，姓氏名谁已随风而去，万千陶俑中的平凡笑容，却成为一种美学结晶，被人们欣赏，至于当初照着谁捏的，并不重要。

陶俑世界就是由一大群笑的、怒的、威的、嗔的、媚的、呆的脸组成的，挺丰富，也挺艺术，你看着这些千奇百怪的人或兽的脸，而不由自主地喃喃地嘟囔的就是——陶语。

有生命更有灵魂

俑是释然的，它们从人心中出发，听着人们独对时的祈祷、自责、祝福，甚至仇恨。伴随着死亡的悲切、怀念的牵挂、永诀的心痛，它们在这种声音中才被附上生命，注入灵魂。在一些被挖掘过的墓中，墓主人的遗骨只剩下一具隐约可见的白色痕迹，像烙在石上的一幅抽象画，而随葬的陶俑们，却包上岁月的皮壳，祛除了出生时的躁气，吸入了岁月的精神，以一种无法仿制、无法再造的熟美而使人们平添一种思绪。

我曾在农村见过一些村民在砖窑中烧出来的新陶俑，蹩脚的造型，像烧砖一样的工艺，使这些红红、黑黑、灰灰的陶俑丑陋无比。先不说造型和色彩，单就是那陶胎与真俑相比，真俑极其自然的痕迹，就使你更加领会了什么叫千年的皮壳。再看这些村民做旧，不论酸咬、土埋、肥沤，那陶俑像长满疥疮般地站在你面前，这是一种无语，是一种恶心，是一种厌恶。这些假俑就像今天游荡于集市上的骗子一样，靠着人们的贪婪、自信、无知而进了它们家中，立于柜中台上，挤眉弄眼，以丑当美。

曾有专门盗墓之徒，酒后言称，进入古墓后，墓主尸身俱全，甚至脸相可辨，但遇人气后会迅速化为白烟，瞬间全无。墓中密闭，此烟何去？徒言曰：“灵魂俱附俑身矣。”一个人的“灵魂”从阳间进到“阴间”，从妻儿老小到陶俑满堂，又在阴间被挖到阳间，化烟而散，这是不是古往今来的轮回往复。按说盗墓之人，久受阴气之扑，又专门坏人阴宅，必损寿。然在晋地访多位祖辈掘墓之人，但见髯发皓白，都健活八十有几，身灵体轻。颇信当地人言：“穿于阴阳，必有大寿”之说。

说俑释然，是俑不会给人以不利，它们的自身的信息告诉后来的人们，生命过程是什么？历史是什么？不会害人只会醒人。俑虽然从阴间来，但与人无碍，大可不必心怀疑虑，见俑而避之。

俑有生命，更有灵魂，人所共有的，它们无所不有。

始作俑者，我们自己

俑是东方的。东方这块无垠的土地，肥沃而宽广，他像磁石般地吸引了这个黑头发、黄皮肤的民族，从分散到集中，从狩猎到农耕，这块土地使他们知道了生存的艰辛和生活的趣味。他们躺在土地上，对着蓝蓝的天空，日出日落，月圆月缺，古风熏染，民性淳厚。然而土地的律动，除春绿秋黄外，也拨动了人的心灵，人与人之间因为土地、财富而变得复杂和不同。

一些人，苦苦思索，指天问地，在这里创立了一个又一个学说道理。

一些人，相互争斗，在这里建立了一个又一个政权王朝。

民族与土地密不可分，不论天灾亦或人祸。人们用不离不弃作为条件，换取了土地的信任。人们对土地崇拜的至高至极，土地则用它的博大养活着不断繁衍扩大的东方族群。人们将自己的灵魂，交给了土地，活着在土地上，死后在土地下，借土地实现了生与死的异化，也进一步地完成了生命不同形态的循环。

悠悠的岁月，将平凡、周而复始的生活和土地紧紧地连在了一起。春播秋收，雷电风雨，水盈了又复干涸，山枯了又复青绿。人们生生死死，爱恨情仇，围绕着土地，也即围绕着生命，演绎出了讲不完的故事。

人们坚定而认真地思考，如何留住生活，如何留住自己。

他们满腹困惑和不解，随手抓一把泥，轻柔的揉搓，心为之颤动……

正如西方的上帝用泥土创造人类的故事一样，东方的女娲则用泥土创造了自己。

伏拜俑（一对）

唐代

长：25cm

作者收藏

始作俑者，我们自己。

在没有镜子的时代，人们看到这在手中随心所欲，不断变化的泥人时，兴奋和好奇可想而知。

在遥远的某一天，陶俑在泥土、火焰、人手的灵动中似乎无意，但绝对有意中产生了，从此一发不可收拾，从初始时的青涩局促，到逐步的成熟滥觞。

陶俑们开始上路了。

灵异的陶俑，带着人们迷离的目光，牵着心中那不时的悸动，走进了人的世界。

人们无奈于外部世界的莫测、变化，无力抗击，更无法躲避。与大自然相比，人类太过于渺小；与无常的生命相比，人类太过于脆弱。

人们希望自己创造世界，自己决定自己。

从甲骨的卜筮，到各类迷离的玄学，人们追寻着神秘，急需有一种心灵中的安慰去化解生存的躁动和对生命的疑惑。

人们在心底里渴望有一种偶像陪伴着自己，带来心中的平和和安定。自从创造了陶俑之后，从此，人们变得更为自信。

人类在制俑过程中，将心中的思绪化做手中的形象，用泥土和灵魂对话，心灵的挣扎，变成陶俑的呐喊。

在有限、短暂的生命时态里，人们追逐理想的遗憾，刻骨铭心；感叹锦瑟无端的华年，嗟叹唏嘘。而在未来的另外世界去实现这些，成为人们最大的意愿，人们将理想和信念，对生活的向往和对财富的追求，统统寄托给了偶像的陶俑。人们倍加注重对墓地的修建，其规模甚至超过了现实中的家园。倾其所有，将聚集的财富变成了大量的陶俑，随葬入墓，寻求另外世界的家园。

自从有了厚葬的行为，先民开始变得成熟；有了这些陶俑，死亡不再可怕。

东方的艺术

陶俑是艺术的。梁思成先生在《中国雕塑史》中言“然而艺术之始，雕塑为先。在先民穴居野处之时，必先凿石为器，以谋生存；其后既有居室，乃作绘事，故雕塑之术，实始于石器时代，艺术之最古者也。此最古而最重要之艺术，向为国人所忽略。”

中国文化，在世界上现在能拿得出手的大部分是祖先留下的那几样，一到近代就全都矮了下去，至于从西方嫁接过来的“杂交”的艺术，也只会热闹热闹而已，做不得真。换句话说，从近代至今，中国文化对世界文化的贡献极为有限。

文化，是一个民族几千年用岁月磨出来的，既不是少数人高高在上的发明，也不是哪位皇帝老子的命令，文化的传播、保留、淘汰，是人们无法操纵的，一些人自称要拯救、保护民族文化遗产，其实，该去的必然会去，该来的必然会来，人力不可为，特别是文化。

古陶俑说到底就是先人们的一份心情，一个念信，被泥和火保存了下来。我们今天能与此物对视，读出先人们的那份心情，这真是很珍贵，很难得的。我们的今天是无数个昨天构成，我们的文化体现、文化感知也是先人们不断的千方百计地遗传下来的，象树林里一季季的落叶，层层叠叠的，最后形成了温暖、潮湿的适合生长的地之衣。

陶俑历经几千年而绵延不断，陶俑以东方文化的审美取向为标准，内敛、简洁、含蓄，虽不逼真，但极为传神，和中国的文言文、毛笔字、水墨画的体系是同脉的，是东方审美中的特质。文言文字简而意远，草书的笔墨与纸的共舞，水墨山水的写意中的人文精神的追求，都与西方绘画、雕塑体系的表现方式有着极大的不同。这种不同，不是落后，不是缺陷，正是东方人类的生活方式形成心理折射后，而必然产生的解析，是一直悄然行走于千万东方人群心灵的对美的诠释。抽象、隐喻、暗示、个性、思绪，这些审美上的关键词，在陶俑上表现得极其充分，其艺术性和地位，绝不是今天几位所谓专家就能断定的。

人们会继承，也会扬弃，关键是要弄清什么是我们老祖宗重要的遗存部分，历代朝廷都拿遗传文化说话，愚民，为统治服务，于是，文化也像“克隆”、“转基因”的东西一样，没有了原汁原味，被异化了。

当面对一件真实的古艺术品时，我希望您闭上眼，堵住耳，自己独立思考，这样想到的，体会到的，才有滋味，人云亦云，唯专家名人马首是瞻，您就极难感悟这祖先的遗产。

“陶俑是用物质的泥土和复杂的心境杂糅而成的，像心脏的每一次早跳，让人血往上涌，既非无聊，亦拒绝前卫，无论有无喝彩，都固执前行。”

揣手男立俑

唐代

高：25cm

作者收藏

在陶俑看来，这世界上很多事原本没有那么重要，更没有那么伟大，与一直伴随的死亡相比，有些事情，有些人情，都应该忽略不计，忘记的都是不重要的，只要重要，必然记忆深远。

收藏陶俑、品味陶俑，也是收藏自己，品味人生。

穿越阴阳

陶俑是有灵性的，它穿越于“阴阳两界”，游走于生死之间。

生与死，是我们民族永难理清，又挥之不去的心结。思索生死是一个民族文学的基础；解释生死，是一个民族哲学的动机，在生死问题上，民族性表现得最为直观。

东方古老的民族，在看待死的问题上与西方有着很大不同。

清明时节的细雨，千百年来，每年一度地湿润着中华民族的心绪。

我们民族忌讳讲死，却又极尽奢华去装饰死。从皇帝开始，登基之日，先建陵墓；自官到民，倾其所有大修墓地。这种追求物化的来世情绪，和整个民族性格内向有关。

我们民族上层建筑中的精神产品、文化产品（礼仪、诗歌、雕塑、绘画、建筑）、宗教信仰（祭祀、神、鬼形象）无不将最优秀的、最抒情、最精彩的部分与死或死后世界加以关联。

我们民族的伦理基础，是来世与今生的探讨。约束人们行善祛恶的前提是因果和报应的生死命题。

我们苦行今世以求来生，将幸福的希望寄托死后，我们民族才有了忍耐的无尚美德。

是陶俑实现了人类和自我的对话，这是人类进化过程中心智走向成熟重要的步骤，这绝不同于农耕民族与植物的对话、游牧民族与动物的对话——为了生存的对话。由于陶俑的普及，更由于陶俑是在物化向往和理想，所以人类可以在精神层面实现对灵魂的抚慰，是精神层面的自我对话。这种中介的作用是其他美术、文化、艺术品无法做到的，是一种自然生成而又超越自然的重要物证，更是一种在民族盘旋发展过程中的参照物。陶俑在很长时间内诠释了中华民族的优秀品质和不可避免的性格缺陷，也正因如此，也在一定程度上影响和佐证了我们民族的基本性格的走向。

陶俑是对生与死的一种符号性的暗示，人们通过陶俑演进了对生的把握和对死的认知，这在很大程度上为确定整个民族的世界观起了重要的推动作用。

虎俑（两只）

东汉

高：20cm　长：27cm

作者收藏

古墓博物馆

洛阳有座古墓博物馆，将历代在洛阳邙山发掘的各类古墓还原，集中修建，确实很有创意。五六月份，外面的天气已经热了，但进入这座博物馆，却仍感寒气阵阵，在各色灯光的照射下，一座座低矮的墓穴，让人心里有一种说不出来的感觉，压抑或是恐惧。现代人对墓穴的感觉已经很生疏了，但墓穴这个极具想象力的词，却在人潜意识中留下了深刻的遗传因子，人类独立思考后最想知道的就是死后究竟是什么样的？死后的世界是否依然？

现代科学的观点是人死后身体就消失了，但有没有灵魂，似乎谁也说不清。所有的宗教体系也都是在有灵魂的前提下而产生和发展的。人们不愿过多地议论死，但死可能是人类心理活动中，最为隐秘、最具决定性的。因为有死的前提，人们会约束，亦或放纵自己的许多行为。其实不过分地说，人从一生下来，死亡的预期就制约和修正了人类很多生存的方式和轨道。如果人们知道自己在世上活的具体时间，恐怕很多人的行为方式，为人处事会有颠覆性的改变。

我收藏陶俑，不止一个朋友或亲人相劝，说这是墓中的东西，阴气很重，不可收留，有时说的你也无语。但当我看着这些陶俑时，分明感到是一种亲切的气息。人降生可能不必然，而死却是必然的，只是不知道何时，何地，何种情况死，人才会产生莫名其妙的恐惧，至于忌讳陶俑的出处，其实完全没有必要。这就和说人必须死一样，只是潜意识中的一种逃避，寻求一种自欺的心理平衡而已。

小的时候，放学回家，要经过一个棺材铺，漆黑的棺材，造型又透着古怪，心里害怕，却总还想看。特别是有人定制时，写字的师傅在棺头上用很扁的字写上死者姓名和生辰年月时，更是不愿离去，直到天黑了才一溜小跑向

高帽男俑

唐代

高：31cm

作者收藏

家奔去。

大了之后，父母的去世，亲戚、好友、同事的去世，医院、殡仪馆、火化场，有关死亡的记忆就像一遍遍的油漆，愈来愈厚重和深沉。

收藏了陶俑，我们不离不弃，相互厮守着，感到一种满足，陶俑们也会同此，至少我们之间产生了这种感情上的依存，看着这些陶俑，你就会解悟人生的无常，人生的无谓，人生的无奈和人生的不易，它们使你的心变得更加轻盈和飘逸。

我经历过疾病带来的恐惧和痛苦，我经历过事业上的挫折和非议，但当我心中无助而蜷缩时，是这些陶俑使我稀释了痛苦，无惧了人生的莫测，因为它们告诉我，这是几千年来，埋于地下的无数个人，都曾经历的事。现在生存的人只是过去的一种重复而已，当它们在夜沉如水，灯光昏暗，如梦如醒般的轻声告诉我时，我释然了，我排遣了，我会轻轻地对它们说声感谢，虽然苦难并未减除，但心却已轻松。

我多次在灯下读俑时，伏案睡去，满屋陶俑尽数入梦，在这种时空交错，今古相通的气场中，我曾做过许多梦，有些恍惚，如雾如烟，过后忘记了；有些清晰如眼前事，被我随手记了下来，也就成了故事。

人应该死上几次，才能活的有滋味，不知死何以知生。看过洛阳的古墓博物馆，我倒有了奇想，造一座古墓宾馆，将房间按古墓的造型修建，各类随葬品一应俱全，床自然就是棺材，当人们在墓中度过一晚之后，不论睡得着的得到的梦，还是睡不着的一晚上的思索，当第二天走出古墓，迎着太阳时，会对许多事情有了新的看法，对生命和人生有了新的体会，这会比什么黑暗餐厅、恐怖酒楼都有意思的多。

读俑，陶俑能让你突发奇想，思绪拉不住地在阴阳两界上徘徊，有朋友说，老玩这个会让人消沉，我不以为然，因为我知道，陶俑能告诉我们的故事太多了，对今天而言，昨天都是故事，只是我们如何体味而已。

俑由人而成俑

夜，黑的越来越重，虽然无风无雨，但这静却更彰显了黑夜不断积蓄的力量，万籁俱寂，这让倍感沉重的黑夜，将人们赶回了家，蜷缩在分隔成空间的房子一隅，仰面望着黑夜，在回味和盘算中睡去，像从阳间到了阴间。睡觉是一种假死，人的意识、灵魂会从身体中飞逸，飘荡在黑夜的空间中直到天亮。人，每天如此的日出而作，日落而息的生活，白天与黑夜就像阳与阴，光明与黑暗。这似乎每天都在重复着人的阴阳，人在光天化日之下，为生计奔波，而当夜色黑暗，静躺在床上时，又像是进入了冥间。世界上所有的事，大概都有阴阳之分，故古人以阴阳一说可解释万物。

陶俑是阴间之物，它像月亮一样，不是阳物却又映射阳间，不温暖人却能让人生情生恋，别一番阴美的滋味。

知死才知生，人生之时，真论起来，无非是不停地奔向死亡，只是这过程被人们故意地忽略了。收藏古物在一定程度上是收藏古人的信息，一些陶瓷制品，如有古代图画、文字、年号，甚至手印，都使之更加贵重，古人之信息是今人之追求。至于文物辨伪也是建立在还原古人的信息而分辨今人的冒充上。

江浙一带，一些富起来的人，大修祖坟，曾到处收集古陶镇墓俑埋入祖坟中以求震慑鬼异。这镇宅、镇墓、镇地就成了阳间人的一种追求。唐代初期的将军俑还可看出仿照当时的将军做成，

乐队仪仗俑

明代

高：15–20cm

作者收藏

基本上中规中矩；但到了盛唐，将军俑做成了更加高大的天王俑，神话就加重了，天王俑的功力和神通自然也就放大了，脚踏小鬼、牛、豹等，威力无比。这天王是从西域传进来的，原本是佛教的护法，在敦煌唐代石窟中就有出现，至于墓中的天王，是比照石雕洞窟中的天王缩小而成，其形制极为相同，从手法的继承上看，至少是大规模的传播使然。

俑由人而成俑，自由了，窑火炼就了千年不坏之身，

乐队仪仗俑

明代

高：15–20cm

作者收藏

更摆脱了历朝历代极少人统治大多数人的苦难，还原了自由之身。如果那些墓主人当时有心，将自己的脸相塑成陶俑，今日如出土极有可能被请到博物馆中，周围冷光灯聚照，风光无限，也真的流芳千古了。但当时谁知道这一大墓东西，只有俑的生命最长，流传最广，这份“天机”又有谁参的透呢？

历史最能和人开玩笑，人类乐此不疲地总想攀上历史的快车，绝大多数都是枉然的。最无情的是历史，它冷漠

乐队仪仗俑

明代

高：15–20cm

作者收藏

地看着人类的活动，但绝少关照。人们幼稚地吹起的英雄、伟业、不朽、万岁等肥皂泡，都会随风而去，了无声息。但历史留下的，必是历经天时、地利、人和的考验而被后来者所记住的，这些我们翻开历史，几乎页页如此。

面对陶俑，我们似乎看到了它身后不停闪过的历史大幕，每个生命也只是组成色彩的分子，人的一生或许只是闪烁了一下而已，仅此而已。

与陶俑的千年沧桑，不坏的陶身，不朽的生命相比，我们人类算得上什么?

不知天上宫阙　今昔是何年

收藏陶俑久了，人也变得缄于言而懒于行了。望着一树的新绿而渐成苍黄，屏息呆坐，不晓得天黄地玄，熊瞎子冬眠似的，有点"不知天上宫阙，今夕是何年了。"

陶俑对此并不知晓，依然我行我素，该出土的出土，该投明主的投了明主，没有一丝寂寞，倒有几分热闹。许多陶俑从眼前走过，有些似曾相识，知道它们的家族和出身，有些非常陌生，让人不由得浮想联翩。

现今，能潜心藏俑者，非常不易。偶看专业收藏网站，古陶专区，每天只有十几个人死守阵地，和书画、明清瓷、家具动辄每日上贴近百相比，真是冷清到了极点。

这也难怪，2008年自然灾害频繁，都是百年不遇，经济状况不好，股市带着亿万人的梦想，义无反顾地坠下九重地狱，人们拼命躲着这要命的飞来横祸，谁还会注意这些个泥作土捏的小人们呢?

于是，玩陶俑的都是世外的傻人，全然不知世态炎凉，一味倾情于这些泥土偶像。

人类做事，必然也惹祸。天下原本无事，只要人们不停地折腾，必然灾祸不断，这是人类走不出的悲剧。

一位老友，早年也收藏了一批陶俑，有些还是精品，一次见面，抱怨陶俑不升值，没有钱赚，我无言以对。后来他倒出陶俑换了几柜子明清瓷器，我看了看，假多真少，没有精品。今年听说，又倒出了青花，换了一盒子白玉，后来听行里人讲，那根本就不是玉，只是一小堆白石头而已。最近在古玩市场看见他，他游离着目光，躲着我走，望着他慌慌挤入人群的背影，我的心头倒别有一番滋味。

世间万物，该静的必然安静，万不可动，这合乎天数，在一片涌动之中，寻得平静，是人心中难得的觉悟。你收藏了俑，俑就给了你这定力的支点，这难道不是真切地幸运、幸福？

“外热”而“内冷”

随着政策的开放，原本放在柜台下偷偷交易的陶俑也冠冕堂皇地摆上了博古架，在北京古玩城，甚至有了几家专门销售陶俑的专题店。然而，销售陶俑最多的地方是香港，在摩罗街的古玩铺中，陶俑比比皆是，虽然有真有假，但档次无疑是全国最高的。改革开放初始，出土的陶俑大多没人要，也没有人敢要，于是一些精品陶俑都贩运到了香港，香港的古玩商经营高古瓷、高古玉、青铜器或陶俑，内地政策越压，他们收起来越便宜，囤一些精品，当政策变化了，放松了时再高价卖回内地，多少年来香港古玩走的就是这一条发财之路。

对待陶俑，国内的表现挺有意思，大凡外国人来华，首先要看的是秦兵马俑；中华文物要出国展览，也大部分是陶俑；能在国外出版发行的图书也少不了陶俑；连中学课本都用了很多的陶俑。

如此这般，陶俑应是占有重要地位的艺术品，但实际上，从专家到一般收藏者都冷淡了陶俑，这无非因为陶俑是随葬品，有些人有顾虑，再者陶俑是无法在大陆流通的，俗话说不挣钱，所以也没多少人愿意收藏，看着一些专家对陶俑那幅深恶痛绝的表情，我真为他感到惭愧。一个北欧人，当他得知这是二千多年前的陪葬陶俑时，竟激动地将汉代陶人举起用额头相贴，以示尊重，老外尚且如此，我们呢!

人们有权力不知道历史，不知道陶俑，但你必须尊重历史，尊重陶俑。

陶俑是面镜子，几千年的历史，独特的品质。陶俑的地位自不待说，倒是那些对陶俑指手画脚的人，不知是无知还是无聊。

盗墓者

很多陶俑出土后见到的第一个人往往是盗墓的，也说不清陶俑是应该谢他呢，还是应该恨他，反正我觉得应该恨他。

如今，市面上写盗墓的书很多，抽空翻了几本，真佩服如今人们的想象能力，这类书，大部分是农村土说书的加上城市枪手的合作产品，其中绝大部分是道听途说。在农村，盗墓是一个下作的行当，就如同城市里买估衣、花圈、骨灰盒的店铺一样，一旦卖了这类东西，此店铺再也不可能改行卖别的东西了。盗墓者在农村也一样，一旦别人知道了，你既没有了钱，也会一辈子让人瞧不起，如今在贫困的农村里，钱也不是万能的，脸面、门风、口碑、人品依然重要无比。盗墓，是个技术活儿，在一望无际的农田里能找到地下的古墓，这起码得有历史、物理、化学的相关知识，更应了解各朝各代入葬的习俗，说着容易，作起来技术含量极高。

挖坟掘墓，过去都是死罪，如今，盗掘古墓罪判的也不轻，所以这行当能像劳模似的逮谁跟谁“吹”吗?

我曾和几位祖传的盗墓者聊天，天南海北胡乱说，只是不提盗墓的话题或与之相关的内容。他们都曾进入过一些非常严密、坚固无比、极为隐蔽的古墓中，这些墓的设计也是他们祖先的杰作，历史上风水师与盗墓者都有着不为人知的隐秘关系，这种“防”与“破”的较量，延续了很久。

盗墓者真正的恐惧是报应，所以他们严守着“盗有盗道”的规定，有些墓早已被盗，但依然若干年而不为人知，后来者想要找到几乎不可能。

如今，专业盗墓者越来越少了，而一些急于发财的新人却抓着洛阳铲满世界乱挖，侥幸挖到一个，高兴得手舞足蹈，像鼹鼠般的一路挖去，绝大部分是座空穴而已，每天像土遁一样，过着鼠类的生活。

走进人心的才能不被遗忘

“始作俑者”究竟是谁?对此，一些学术界还在争论，但想到俑，也就自然想到了那些始作俑的古代艺术家们，不过在古代，他们基本的条件确与今天又有很大的不同。

古代的人的寿命都比今天短了很多，“人活七十古来稀”，七十之人在古代已非常少有。如今，年过七旬的老人，随处可见;古代人一过五十已经被称为“老者”了，加上战争、荒年，人们的平均寿命只有三四十岁。

古代人的信息传播极慢，一封书信走个一年半载的很是平常，就是十万火急的军情，靠马的接力传递也要好几天。至于一些知识，更是难以普及，“鸡犬之声相闻，老死不相往来”，日落而息，日出而作的古代人们极少知道百里之外的事情。

这些和俑有关系吗？当然有。

古代人从正式懂事到死亡，实际生存年龄只有十几年。按照今天的科学观点看，在人类最为成熟、知识积累最多、生活经验最丰富时却突然死亡，这种死亡和今天科学昌明时期人类活到八九十岁死亡有着很大的不同。八九十岁的人，基本都已衰老，是人类正常的退化萎缩死亡，是目前科学认可的生命周期，但古代人四五十岁就死亡，更像被中途拆断的树木，并非正常。

生命周期短，知道天下之事又少的古代人却固守了自己的一份认真，他们头脑中的形象比我们今天丰富得多，他们发明并完成的形象，让我们今天的美术家们惭愧不已，即便是当今中国的顶尖才子不也常靠古代武士、鬼神、陶俑去完成他的描述主题形象吗。被人们接受，并自愿保留下来的美术作品能有多少？那些想流传百世的“丰功伟业碑”不论做的多么高大而宏伟，不都没了踪影；就是偶然留下来了，立在那，后人谁还去看那上面的赞美之词呢？

走进人心的，才能不被遗忘。

做陶俑的没有想到今天他的作品会流芳百世，几千年后作品依然会立在最严肃的博物馆中，被人们争相收藏，他们才称得上是不朽的流芳千古的伟大艺术家。

珐华釉陶俑

明代

高：23cm

作者收藏

古代的信息传播的极慢，人们一生知道的事，可能还不及今天一天知道的多，但正是这种浑然不知，才少了抄袭，才少了无休止的矫情，平心而静气，才有了好作品的基础。跟风热炒，忽悠大众，与政治家、商人联手作秀的艺术家，不可能有好的作品，而像屈原、杜甫、白居易、李商隐，在孤独悲怆无助时从心底迸出的诗词，才闪出了金色的光芒，才会流芳百世，这与技巧关系不大，但与背景与心境绝对有关。

当信息传播快的时候，人心很难存住那份安定，信息似洪水，冲刷得人心只剩了苍白，所以在互联网，声、光、电等多种媒体的冲击下，许多人像无脑儿一样，懒于思考，机械的混吃等死，文化更是变得浅薄与迷失。虽然社会进步了，人们寿命增长了，人们知道的事情多了，但从人心感受的本质讲，与古人相比，还真是今不如昔。但不论是“今不如昔”还是“昔不如今”，人不可能再活一次，人生不可能跨越时空去体验，但纷乱中的独守，沧桑中的淡定，人云亦云中的清醒，才是人的大智慧所在，佛教中称清静无为，禅意中悟出了真味。

你收藏了陶俑，你抚摸了陶俑，你认识了陶俑，你读过了陶俑，之后，你自然就有了以上的想法。

别样的滋味

今天的世界，速度太快了，不是在走，而是在跑。高速公路、高速铁路，人们都和上了弦一样，一会儿创业，一会儿破产，每天忙得像陀螺。究其原因，心里的想法太快了。只要街边长椅上没有了读书的人；只要人的眼睛再也无法从纸钞上移回越来越贪的目光时，世界就离魔怔越来越近了。写此文时正赶上美国华尔街金融风暴，很多人觉得突然和不解，其实，这都是人们自己设的局，又把自己套了进去，正所谓玩的越高，出毛病越大。现代生活越发达，能让人死亡的病就越没治，这就是宇宙天地，这就是时光长河。

一个民族的发展就像一列高速奔驰中的列车，一旦刹车，拉手可以使你平衡，这个拉手就是文化，从古到今的文化积淀。

那“采菊东篱下，悠然见南山”的恬淡；“明月松间照，清泉石上流”的空灵；“夜来风雨声，花落知多少”的意趣，已成为绝唱。但人类的回归是必然的，也是人力不可为的，真正能使人类回归的只能是我们民族从远古就不断遗传的文化、精神、本性和佐证这些的古艺术品。

在如今的精英界，抑郁症、过劳死成了普遍的现象。其实是人就恐惧死亡，这是作为生物物种的内在基因，怕死和胆量大小无关。但即便如此，依然挡不住他们奔向死亡的速度。

我曾见过很多人，忙忙碌碌，真正安静下来时已躺在医院，到此时，他们也会后悔，然而人生最大的残酷就是无法重来，只要选择了一种生活，其他的与你无关。

降低目标，放慢节奏，给生活加一些佐料，也叫善待自己。

穷富、好坏都是一生，至于生活质量恐怕就有了很大的区别，但这里说的生活质量绝不是吃了多少美味佳肴，有了多少声色之娱，做了多大的官，而是心里的那份宁静，那片蔚蓝，无风无雨无苦恼，这样的生活，还原了人类的本初，活个自然，活了个真实。

收藏陶俑，就像让陶俑经常地捧着你的心在看，人即便经常反省自己，但仍离不了时代的影响，生活对你而言，是极其复杂的。

人生中片刻的感动很多，愚钝无知也曾欺骗过眼泪，让它毫无价值地流淌。然而岁月自会催熟心灵，当你的心为某事某景而真的收紧；当你装作毫不在乎，而眼角却分明在堆积潮湿时；当你静静伫立而眼光无目的地晕眩，心中涌起的杂陈五味；当你苦笑着将目光从无聊生命中收回时，这时的心灵是真实的，真实心灵中的真实记忆才是最有价值的。心灵的麻木，是为了生存而绝非是为了感知，记住该记住的事，这才对得起心。

收藏了高古的文物，也就经常地遥想久远的时光。人类一代一代在这块土地上生生死死，留下了什么？我们知道人类不是叠加继承的，每一代人只能学习上一代留下的思想，但并非就一定超过前辈。有人曾将古代和现代的人按人性、行为、心理、追求等方面加以比较，得出的结果是现代的人远不如古代的人那么优秀，这可能是一种片面说法，但至少说明了现代人于古代人而言并非是进步了的，至今的学者还奉《论语》、《庄子》等为经典文献而研学呢。

每次面对陶俑时，都会产生一个奇怪的想法，这些陶俑千年前入葬而今出土，好像是二次诞生，更似轮回。设想，如果已死去的人活过来了，会怎样？惊讶、恐慌、不解、愤怒、失望、茫然？肯定反应极为强烈。久别重逢总说是恍如隔世，真隔世而生，故国、家园、亲人、子嗣，会有如何的感触？天上一日，人间百年，传说那位在山上

伏拜俑

唐代

长：18cm

作者收藏

观神仙下棋的人回到村子后望见子孙辈都成为皓发老叟了，其百感交集自不必说。

陶俑的入土出土，穿越时空告诉我们，活着的人们认为非常重大、非常关键、非常郑重的事，都会像秋季的台风，虽然也有浓云密布，排山倒海的推动，但须臾就会消失，当太阳重新照耀之时，好像什么都没发生似的，消弭于无形。

收藏陶俑，陶俑就会有了别样的滋味，每一个陶俑会有一个故事，故事千奇百怪，将这些串成无数诗歌词赋，像不时隐隐飘过的别愁之音。

编后记

《文物的故事》系列丛书是紫禁城出版社策划的一套大众收藏类图书。其所叙述的文物主题大众常见，其语言文字大众易懂。

我们寻求到的作者能够深入浅出地叙述内容，能够引人入胜地编排结构，能够纵横捭阖地激扬文字，能够发人深省地开示读者，并且是具有较高社会知名度的收藏家。

首次推出丛书中的四种。其中，《悠悠青瓷》作者秦伟女士文笔清丽又充满激情，其对自己藏品的感悟使读者很容易受到感染。《话说陶俑》作者刘亚群先生作为一名资深的新闻工作者，也是陶俑收藏界赫赫有名的人士。《青铜散》和《碑刻的故事》作者吴克敬先生以极富功底的文字和翔实周密的文物信息给读者以宽广的感悟空间。他们表达了自己的观点，撰写出了让我们爱不释手的好文章。

深入文字内容，读者会为其所牵引，随喜随悲，随怒随爱，流连于作者复述和创制的古今意境；从而手不释卷，想一气呵成读通整个故事、整本图书。

我们希望藉此丛书给广大的文物收藏爱好者和相关人士以丰富的信息，对读者的审美情趣有所补益。从这个意义上讲，我们也希望它平易近人的语言、富藏的深意和颇具历史责任感的整体面貌，甚至使大学生、中学生也能够喜闻乐见，最大程度地得到读者的认可。

2009年1月